Impressum

Titelaufnahme der Deutschen Bibliothek

Eckart Bücken, Reinhard Horn, Rita Mölders, Bernhard Schön, Dorothe Schröder:
Fans, Fairplay & Fußballfieber

Herausgeber: BROT FÜR DIE WELT, KONTAKTE Musikverlag, Bischöfliches Hilfswerk MISEREOR e.V., missio, MVG Medienproduktion und Vertriebsgesellschaft mbH

3. Auflage, 2010

Bestell-Nr. 113 303 010 (BROT FÜR DIE WELT)
Bestell-Nr. KON 1340-3 (KONTAKTE Musikverlag)
ISBN 978-3-89617-175-7 (KONTAKTE Musikverlag)
Bestell-Nr. 310 369 (missio)
Bestell-Nr. 5 498 05 (MVG Medienproduktion)
ISBN 978-3-88916-257-1 (MVG Medienproduktion)

Redaktionsgruppe: Eckart Bücken, Ludwig Hahn, Reinhard Horn, Rita Mölders, Sonia Pedro, Bernhard Schön, Dorothe Schröder, Christian Severin

Grafik-Design und Illustration: Margret Bernard, Hamburg
Layout: BBS Buchwerk Bernhard Schön und kreartiv, Waldems, www.kreartiv.com

Druck: Westermann Druck Zwickau GmbH, Zwickau

Zu diesem Buch ist die gleichnamige CD „Fans, Fairplay & Fußballfieber“ mit allen Liedern erschienen.

Dieses Buch und die gleichnamige CD wurden komplett in Deutschland hergestellt.

Eckart Bücken, Reinhard Horn, Rita Mölders,
Bernhard Schön, Dorothe Schröder

Fans, Fairplay & Fußballfieber

Fußball und die Eine Welt

Inhalt

Anpfiff: Jetzt geht's los!

Fans, Fairplay und Fußballfieber

⊙ Nr. 2

Text: Eckart Bücken – Musik: Reinhard Horn

Strophe 2

Fans, Fairplay und Fußballspiele
sind beliebt im ganzen Land.
Freuen können sich sehr viele,
unfair stößt auf Widerstand.

Refrain

Strophe 3

Fans, Fairplay und Fußballwunder
sind erwünscht in jedem Fall,
machen alle Spiele bunter,
Freundschaft wächst so überall.

Refrain

Fi-Fa-Fußball

⊙ Nr. 3

Text: Eckart Bücken – Musik: Reinhard Horn

Die Geschichte von Francesco

Heute möchte ich euch die Geschichte von Francesco erzählen. Er wohnt in Quito, der Hauptstadt von Ecuador. Das ist ein Land in Südamerika.

Francesco hat nur seine Mutter und eine Schwester, seinen Vater kennt er nicht. Früher hatten sie auf dem Land gelebt, aber Mama sagte, das geht

nicht mehr. Auf dem Land würden sie hungern, in der Stadt wäre es besser.

Viel besser ist es aber nicht. Seine Mutter schlägt sich als Wäscherin bei reichen Leuten durch, Francesco selbst geht Schuhe putzen. Für die Schule hat er keine Zeit. Er muss ja Geld verdienen.

Wenn keine Kundschaft kommt, dann stellt er seine Kiste mit den Bürsten und seine Schachtel mit der Schuhcreme auf und versucht, eine leere Schuhcremedose auf den Füßen zu balancieren und aus dem Stand zwischen den beiden Kisten hindurchzuschießen. Er wird von Woche zu Woche besser.

Vor kurzem hat er Pater Iwano vom Don-Bosco-Haus kennen gelernt. Dort gibt es viele Kinder und Jugendliche. Viele, denen es noch schlechter geht als ihm. Einige kennen ihre Eltern nicht, andere mussten von zu Hause weglaufen. Sie können im Jugendzentrum schlafen und gehen morgens in die Schule oder lernen einen Beruf. Da ist Francesco schon froh, dass er ein Zuhause hat. Ganz besonders ist Francesco von dem Fußballspiel der anderen begeistert. Bei Don Bosco wird viel Fußball gespielt. „Das ist gut fürs Leben", sagt Pater Ivano. „Man lernt, dass man nur gemeinsam gewinnen kann. Die Jugendlichen erleben, dass sie etwas erreichen. Und man muss regelmäßig trainieren. Da kommt man nicht auf dumme Gedanken."

Voller Bewunderung sitzt Francesco Samstag für Samstag am Rand des Fußballfeldes und beobachtet das Training der Größeren. Ja, er würde gerne mitmachen. Aber er kann ja nur mit den Dosen spielen. Er schämt sich vor den anderen.

An einem Samstagnachmittag diskutiert die Mannschaft auf dem Feld. Sie haben ein Fußballspiel mit einer anderen Mannschaft verabredet, aber ihr bester Spieler ist krank. Sollen sie absagen? Aber die anderen würden sagen, dass sie feige sind.

Die Blicke der Spieler richten sich auf Francesco. Ihm wird ganz mulmig. „Nein", denkt er, „ich blamiere mich zu Tode." Aber es gibt kein Entrinnen. Wenige Sekunden später steht er auf dem Spielfeld.

Als das Spiel beginnt, ist es Francesco noch sehr unwohl. In der ersten Halbzeit vergibt er ein paar gute Chancen. Der Junge, der ihn zum Mitspielen aufgefordert hatte, schaut ihn gar nicht mehr an, die anderen lästern.

In der Halbzeitpause nimmt ihn Pater Ivano zur Seite. „Francesco, ich hab schon oft gesehen, wie du am Spielfeldrand mit einer Dose gekickt hast. Stell dir einfach vor, der Ball sei eine Dose und die Torpfosten die Schachteln. Einmal stoppen und dann Schuss!"

Als die zweite Halbzeit beginnt, achtet Francesco nicht mehr darauf, wie riesig der Torwart der anderen Mannschaft ist und dass alle größer sind als er. Er denkt nur noch an seine Schuhcremedose und seine Kartons.

Die Flanke kommt von links. Er nimmt den Ball an. „Einmal stoppen und dann Schuss", hört er Pater Ivano rufen. Francesco schießt. „Tor!" jubelt es um ihn herum. Francesco hat das entscheidende Tor geschossen.

Quelle: Don Bosco Aktion „Fußball für Straßenkinder", www.fussball-fuer-strassenkinder.de

Ahnungs-Los und Weiß-Bescheid

Mit Kopf, Brust, Hüfte, Po, Knie – und auch mit den Füßen

> **D*er chinesische Kaiser hatte Fußball für seine Soldaten eingeführt:***
> *So konnten sie sich spielerisch ertüchtigen, sich aber auch in der Freizeit vergnügen. Andere Völker und Kulturen betrachteten das Ballspiel als religiöse Handlung. Die Japaner zum Beispiel versuchten beim „Kemari“, den Ball möglichst lange in der Luft zu halten. Je nachdem, wie gut das gelang, war die Gunst der Götter besonders groß.*

Die Geschichte des „Fuß“balls fängt mit allen möglichen Körperteilen an – und natürlich mit einem Ball.

Im Fernsehen haben sie gesagt: England ist das Mutterland des Fußballs.

Dort soll der Fußball entstanden sein. Aber das stimmt gar nicht. Wahrscheinlich ist vor fast 5.000 Jahren in China „T'sah-Küh“ (= „einen Ball treten“) gespielt worden. Aus China stammen die ersten uns bekannten Abbildungen eines Fußballspielers und ein Handbuch mit über 70 Spielzügen. Und die Azteken in Südamerika waren von dem Spiel „Ulama“ begeistert, bei dem der Kautschukball nur mit Hüfte, Po oder Knie gestoßen werden durfte.

Warum erzählen die dann im Fernsehen so einen Blödsinn?

Na ja, ganz falsch ist das mit dem Mutterland doch nicht. Was wir heute als Fußballspiel kennen – ein Wettkampf zwischen zwei Mannschaften –, wurde wirklich in England entwickelt, und zwar im 19. Jahrhundert. 1863 wurde die englische Football Association gegründet, davon abgeleitet hieß das Spiel Soccer, im Unterschied zum Rugby. Ca. 1400 tauchte zum ersten Mal der Begriff „Fußball“ (football) auf. Das war die Zeit, als in England und auch in anderen europäischen Ländern Hunderte von Menschen völlig ohne Regeln um einen Ball gekämpft haben. Häufig spielten auch die „Zuschauer“ mit – und noch häufiger gab es Verletzungen, weil die Beteiligten alle Mittel einsetzten, um an den Ball zu kommen.

Cool! Gibt's heute noch so klasse Raufspiele?

So ähnliche. Die heißen dann Rugby oder American Football. Da siehst du auch oft, wie sich alle Spieler auf einmal auf den Ball stürzen. Der Ball ist allerdings eiförmig, und Verletzungen gibt es heute, zumindest beim Football, eher selten: Die Spieler tragen dick gepolsterte Kleidung.

Wann ist das eigentlich mit den Weltmeisterschaften losgegangen?

Dazu musste es erst weitere Länder mit Fußballmannschaften geben. Sie wurden meistens von Engländern im Ausland angeregt oder sogar gegründet, zunächst in Argentinien 1865. Und seit 1878 existiert auch ein „Deutscher Fußballverein".

Anfangs spielten Universitätsmannschaften gegeneinander, dann Vereine und später auch Länder. Erst 1904 wurde die internationale Fußballvereinigung FIFA gegründet. Und noch viel später, nämlich 1930, fand die erste Fußballweltmeisterschaft in Uruguay statt, der Gastgeber gewann das Turnier.

Inzwischen gibt es so viele Nationalmannschaften, dass ein Weltmeisterschaftsturnier immer komplizierter zu organisieren ist. Das Gastgeberland ist automatisch spielberechtigt, alle anderen müssen sich in verschiedenen Gruppen durchsetzen, die Sieger der jeweiligen Gruppen sind in Europa, Afrika und Südamerika qualifiziert. Die besten Mannschaften aus anderen Kontinenten müssen noch weitere Ausscheidungsspiele gewinnen, bevor sie zur Weltmeisterschaft reisen können. Beim Weltmeisterturnier selbst gibt es ebenfalls Gruppen für die Vorrunde. Erst danach geht es im „K.-o.-System" weiter, bis zum Schluss Platz 4 und 3 und einen Tag später im Endspiel Vize- und Weltmeister ausgespielt werden.

Fußballweltmeisterschaft
Die besten Mannschaften

Nr	Land	Flagge	Weltmeister	Vize-Weltmeister	3. Platz	4. Platz	Teilnahmen
1.	Brasilien		5	2	2	1	17
2.	Deutschland		3	4	2	1	15
3.	Italien		3	2	1	1	15
4.	Argentinien		2	2	-	-	13
5.	Uruguay		2	-	-	2	10
6.	Frankreich		1	-	2	1	11
7.	England		1	-	-	1	11
8.	Niederlande		-	2	-	1	9
9.	Ungarn		-	2	-	-	9
	Tschechien		-	2	-	-	9
11.	Schweden		-	1	2	1	10
12.	Polen		-	-	2	-	6
13.	Jugoslawien		-	-	1	1	9
	Österreich		-	-	1	1	7
15.	Chile		-	-	1	-	7
	USA		-	-	1	-	7
	Portugal		-	-	1	-	3
	Türkei		-	-	1	-	2
	Kroatien		-	-	1	-	2
20.	Belgien		-	-	-	1	11
	Spanien		-	-	-	1	11
	Russland		-	-	-	1	9
	Bulgarien		-	-	-	1	7
	Südkorea		-	-	-	1	6

Die Stadien der Fußball-WM 2006 in Deutschland

---

*Wir haben hier alle für die WM 2006 zur Verfügung stehenden Plätze aufgeführt. Bei normalen Fußballspielen dürfen noch mehr Fans in die Fußballstadien. Während der WM heißen die mit * gekennzeichneten Stadien „FIFA WM-Stadion“ mit Nennung der entsprechenden Stadt.*

Wer wurde wo und wann Fußballweltmeister?

Jahr – wann?	Land – wo?	Weltmeister – wer?
1930	Uruguay	Uruguay
1934	Italien	Italien
1938	Frankreich	Italien
1942	1942 und 1946 fand wegen des 2. Weltkrieges keine	
1946	Weltmeisterschaft statt	
1950	Brasilien	Uruguay
1954	Schweiz	Deutschland
1958	Schweden	Brasilien
1962	Chile	Brasilien
1966	England	England
1970	Mexiko	Brasilien
1974	Deutschland	Deutschland
1978	Argentinien	Argentinien
1982	Spanien	Italien
1986	Mexiko	Argentinien
1990	Italien	Deutschland
1994	USA	Brasilien
1998	Frankreich	Frankreich
2002	Japan/Südkorea	Brasilien
2006	Deutschland	Italien
2010	Südafrika	???

Sechsmal wurde die Mannschaft Weltmeister, in deren Land die Fußballweltmeisterschaft stattfand.

Vier Fragen an Dieter Kürten

Sportjournalist, langjährige Moderation des Aktuellen Sportstudios (ZDF): „Mr. Sportstudio“. www.dieter-kuerten.de

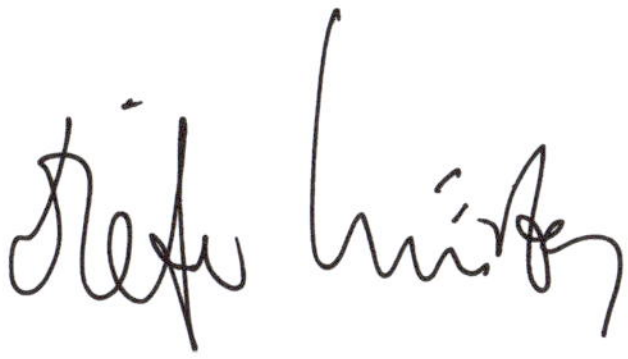

Was können Kinder beim Fußballspielen für ihr Leben lernen?

- Fairness – Rücksichtnahme auf sich selbst, auf die Mannschaftskameraden und nicht zuletzt auf den Gegner,
- Beherrschung, z. B. bei Fehlentscheidungen des Schiedsrichters,
- Freude am Spiel,
- Teamgeist.

Erzählen Sie uns eine Fairplay-Geschichte aus Ihrem Fußballleben!

Ich habe mehr als einmal beispielsweise dem gegnerischen Torhüter Beifall gespendet, wenn er mit seiner Glanzleistung meine Torchance vereitelt hat.

Was hat Fußball bzw. Sport allgemein mit Glauben zu tun?

Der Glaube kann Berge versetzen – der Glaube an die eigene Leistung oder einen nicht mehr möglich erscheinenden Sieg auch.

Gibt es für Sie ein wichtiges Motto, ein Leitmotiv für Ihre sportliche Arbeit?

Vor den Erfolg haben die Götter den Fleiß gesetzt!

Fußball-ABC

Nr. 4

Text: Dorothe Schröder – Musik: Reinhard Horn

Strophe 2

Gelbe Karte – **g**ar nicht schön! **G**anz entspannt, sonst musst du **g**ehn!
Handspiel, **H**offnung, **H**albzeitpause – **H**ooligans? Ihr bleibt zu **H**ause!
Innenpfosten, **I**nterview, **J**ungstar **J**ustus trifft, **j**uchhu!
Kopfball, **K**onter, **K**apitän, **L**aufduell, **L**a Ola sehn.

Refrain

Strophe 3

Mannschaft, **M**auer, **M**ittelfeld – wirst du **M**eister, bist du Held!
Nachspielzeit und **N**iederlage – die mag **n**iemand, keine Frage!
Ordnerdienst und **O**ffensive, **P**ass, **P**arade, **P**ersepktive.
Querpass, **Q**ualifikation – **q**uengel nicht, du schaffst das schon!

Refrain

Strophe 4

Regeln haltet lieber ein! **R**ote Karte? Muss nicht sein!
Schwalbe, **S**chiedsrichter und **S**chuss – **S**türmer startet, wenn er muss.
Tor gefallen! **T**orwart tobt. **T**aktik stimmte, **T**rainer lobt.
Unterzahl und **U**nentschieden werden lieber ganz vermieden.

Refrain

Strophe 5

Die **V**erlängerung macht Dampf, dabei droht der **W**adenkrampf.
Weitergabe: **W**er läuft mit? **W**eltmeister – das **w**är der Hit!
X-Beine? Ach, einerlei! **Y**oungster sind erst kurz dabei.
Zweikampf und **Z**usammenspiel – Schlusspfiff! Aus! Wir sind am **Z**iel!

Refrain

Fußballspielen, das macht Spaß

⊙ Nr. 5

Text: Kinder der Wartburg-Grundschule, Münster; Ulrike Ilskensmeier; Wolfgang Köster – Musik: Wolfgang Köster

Strophe 2

Sammy ist der Torwart, er hält jeden Ball,
Manuel und Lars bringen die Gegner zu Fall.
Melanie und Lucie wehren im Feld die Bälle ab,
Jonah und Tim halten die Gegner auf Trab.

Refrain

Strophe 3

Wir tricksen jeden Gegner aus,
und sie gehen geschlagen nach Haus.
Wir halten zusammen, was immer auch ist,
eine Mannschaft, die man nie vergisst!

Refrain

Fußball-ABC – Kurzform

von Dorothe Schröder

Anpfiff, **B**all und **C**hampion,
Doppelpass – da kommt er schon.
Ecke, **F**oul und **G**elbe Karte,
Halbzeit, **I**nterview – ich warte!
Jubel, **K**icker, **L**ibero,
Meisterschaft – da wär ich froh!
Nachspielzeit und **O**ffensive,
Pfiff und **R**ot für Aggressive,
Schiri, **T**eam und **U**nentschieden,
Verlängerung wird gern vermieden.
Mit **W**adenkrampf nach **x** Versuchen
hört man manchen **Y**oungster fluchen.
Zweikampf und **Z**usammenspiel –
Schlusspfiff! Aus! Wir sind am **Z**iel!

1.–15. Minute:
Der Ball ist rund

Ahnungs-Los und Weiß-Bescheid

Was Eckiges über das Runde

Der Ball ist rund, um den Ball dreht sich fast alles im Spiel. Und wenn die eine Mannschaft kurz vor Schluss 6:0 führt, dann ist für die andere die Luft raus.

Woher kommt das Wort Fußball?

Als vor 600 Jahren das Wort football (Fußball) zum ersten Mal in einer Handschrift auftauchte, hatte das wenig mit dem Spiel zu tun, denn die Hände durften ebenfalls eingesetzt werden. Vermutlich sollte es „zu Fuß" bedeuten, im Unterschied zu den Adeligen, die ihre Reiterspiele im Sattel austrugen. Eine andere Erklärung besagt, dass der Ball damals einen Durchmesser von einem englischen Fuß hatte (Längenmaß, das noch bis ins 20. Jahrhundert gebräuchlich war), das sind ungefähr 30 Zentimeter.

War der Ball immer schon aus Kunststoff und war Luft drin?

Für deinen Vater und für deinen Opa war es das größte Glück, einen Fußball aus Leder zu bekommen. In Südamerika wurde schon vor langer Zeit mit Kautschukbällen gespielt. An anderen Orten auf der Erde wurde Tierhaut mit Federn gefüllt oder eine aufgeblasene Schweinsblase benutzt.

Auf einem alten Bild habe ich einen Stürmer gesehen, der einen ganz großen Ball geköpft hat.

Die Bälle bestanden nicht nur aus verschiedenen Materialien, sie waren auch unterschiedlich groß – manche wie dicke Medizinbälle, andere wie kleine Holzkugeln. Heute muss nach den offiziellen Fußballregeln ein Ball

- kugelförmig und
- aus geeignetem Material gefertigt sein (fast immer Kunststoff),
- einen Umfang zwischen mindestens 68 und höchstens 70 cm haben (Jugendball 63 – 66 cm),
- zu Spielbeginn mindestens 410 und höchstens 450 Gramm wiegen (Jugendball 350 – 390 g) und
- einen Druck von 0,6 – 1,1 Atmosphäre aufweisen.

Gibt es „schlechte" und „gute" Bälle?

Gute Spieler haben ein besonderes Verhältnis zum Ball. Als die Kugel noch aus Leder gefertigt wurde, beklagten sich Spieler nicht nur über die schlechten Platzverhältnisse. Fritz Walter, Kapitän der ersten deutschen Weltmeistermannschaft und ein begnadeter Techniker, sagte über einen schlechten Ball: „Er sang nicht, er ließ sich nicht streicheln, er war nicht Kamerad und Freund des Spielers, er war ein Fremder."

Die Bälle konnten aber auch im Lauf des Spiels „schlecht“ werden: Sie verloren ihre Form, oder das Leder hatte bei Regen so viel Feuchtigkeit aufgesaugt, dass der Ball schwerer wurde.

Warum soll ich nicht mit der Fußspitze schießen?

In den letzten Jahren wird häufig darüber geklagt, dass die jungen Spieler zu wenig Technik und zu viel Ausdauer lernen. Immer wieder kommt es auch bei Bundesligaprofis zu anfängerhaften Fehlern bei der Ballannahme – der Ball „verspringt“.

Ein guter Techniker stoppt hohe Bälle kontrolliert, er lässt sie von der Brust abtropfen oder nimmt sie mit der Fußinnenseite an; bei echten Könnern sieht es so aus, als würde der Ball, wenn er nach der Annahme weitergespielt wird, regelrecht am Fuß kleben.

Mit der „Pieke“, also der Fußspitze, sollte möglichst nicht geschossen werden, weil der Ball dann nicht berechenbar ist.

Mit dem Vollspann gelingt ein kraftvoller Schuss aufs Tor.

Beim Innenspannstoß können gute Spieler den Ball um die Gegner herumzirkeln. „Manni“ Kaltz vom Hamburger SV hat daraus die berühmte „Bananenflanke“ entwickelt.

Mit einem Außenspann-Schuss kann ein Spieler den Ball gut am Gegner vorbeischlenzen.

Fair hergestellte Bälle

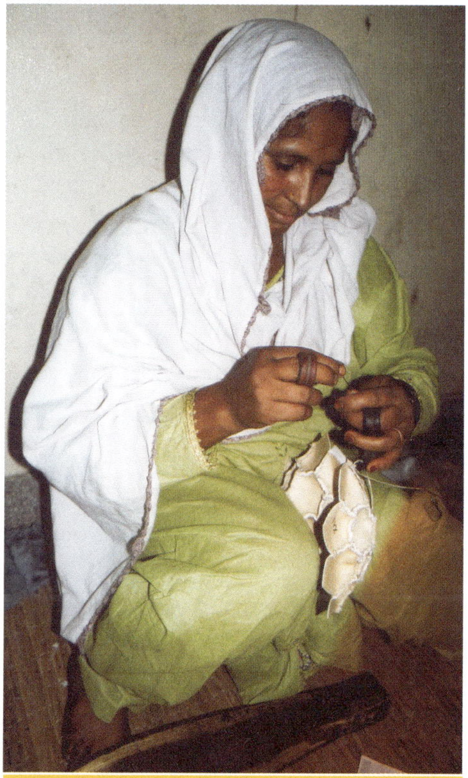

Tahira Priveen, Fußballnäherin in Sialkot/Pakistan, verheiratet, vier Kinder.

„Wir arbeiten für unsere Kinder, damit sie eine höhere Schule besuchen können und eine gute Arbeit bekommen." Tahira Priveen, Fußballnäherin in Sialkot/Pakistan.

Nur ungern lässt sie sich von der Arbeit abhalten. Da ihre Kolleginnen aber zu schüchtern sind, zupft sie ihr leichtes Kopftuch zurecht und nickt zustimmend. Von der Frage nach ihrem Alter ist sie dann aber irritiert. Die vom Islam geprägten Traditionen verlangen von den Frauen vor allem Zurückhaltung. „Mehr oder weniger dreißig – das muss reichen!", antwortet sie dann aber doch mit einem leicht koketten Lächeln.

Tahira Priveen näht Fußbälle. Jeden Tag vier bis fünf Stück. Dafür braucht sie jeweils 32 vorproduzierte Kunststoffwaben, zwei Nadeln, festen Zwirn, etwas Kraft und Geschick und zirka 650 Doppelstiche. Seit vier Jahren macht sie das in einem der Nähzentren von Tramondi. Tramondi ist eine der drei von über hundert Firmen, die in Sialkot Bälle für den fairen Handel produzieren. Fast 70% aller handgenähten Fußbälle des Weltmarktes kommen aus dieser Stadt im Nordosten Pakistans.

Für Tahira und ihre Kolleginnen war es schon sehr ungewohnt, nicht mehr in ihrem eigenen Dorf zu arbeiten. Noch vor einigen Jahren wurden die Bälle ausschließlich in Heimarbeit genäht. Wegen der dabei auch beteiligten Kinder wurde das verboten. Um die Arbeit von Minderjährigen auszuschließen, wird jetzt nur noch in den eigens eingerichteten Nähzentren genäht. Da sich Tramondi um den Transport kümmert und auch ein Zentrum ausschließlich für Frauen eingerichtet hat, kommt Tahira gern hierher. Ihre zwei kleinen Kinder werden von der Schwiegermutter betreut. Die großen gehen schon zur Schule. „Auf eine private Schule! Die sind zwar teuer, aber auch besser." Das ist für Tahira, die wie rund 75% aller Pakistanerinnen selbst nicht lesen und schreiben kann, sehr wichtig.

Für einen Ball bekommt Tahira etwa 30 Rupien, etwas weniger als 50 Cent. Für einen FairTrade-Ball sind es 10 Rupien mehr. Doch selbst bei Tramondi reicht trotz aller bisherigen Erfolge das Auftragsvolumen noch nicht aus, um ausschließlich unter FairTrade-Bedingungen zu produzieren. Bei sechs Wochenarbeitstagen kommt Tahira auf bis zu 5000 Rupien – etwa 70 Euro monatlich. Das ist immerhin das Doppelte des staatlichen Mindestlohns.

Auch Tahiras Mann näht Fußbälle. Er verdient etwa 1000 Rupien weniger. Warum denn das? „Weil er mehr Pausen macht, rumläuft und mit anderen Leuten quatscht." Tahira und ihre Kolleginnen lachen.

Quelle: TransFair e.V. / RUGMARK, 50937 Köln www.transfair.org

Der Ball ist rund!

⊙ Nr. 6

Text: Eckart Bücken – Musik: Reinhard Horn

Refrain

Strophe 2

Der Ball ist rund, rund ist der Ball,
ist Grund für den Zusammenprall,
den Kampf der zweiundzwanzig Streiter.
Er tobt auch nach der Pause weiter.

Refrain

Strophe 3

Der Ball ist rund, rund ist der Ball,
mal grad geschossen, mal mit Drall,
mal weit ins Feld, mal an den Pfosten,
der Torwart war auf seinem Posten.

Refrain

Strophe 4

Der Ball ist rund, rund ist der Ball,
ein Angriff wie ein Überfall,
das Tor im allergrößten Trubel
versetzt das Stadion dann in Jubel.

Refrain

Mit der Erde kannst du spielen ...

Übungen mit Schwungtuch und Ball

Ein Schwungtuch gibt es in unterschiedlichen Größen.

Für eine große Gruppe von Kindern eignet sich besonders gut ein großes Schwungtuch, zum Beispiel ein Fallschirm.

Das Material motiviert zum Mitmachen; es fördert den Teamgeist, die Motorik und die Kreativität. Beim Spiel gibt es keine Verlierer und Gewinner.

Leise, ruhige Musik im Hintergrund vertieft das Spielerlebnis.

Bei den Spielen stehen oder sitzen die Kinder um das Tuch herum und halten den Stoff am Rand mit den Händen.

Folgende Spiele eignen sich für eine „Mann"schaft:

1. Plätze tauschen

Alle Kinder heben ihre Arme, und damit hebt sich auch das Tuch. Dann tauschen zwei Kinder ihre Plätze, indem sie schnell unter dem Tuch zu dem Platz ihres Tauschpartners laufen. Sie sollten den Platz erreicht haben, bevor sich das Tuch gesenkt hat.

Für dieses Spiel gibt es mehrere *Varianten*:

- Alle Jungen tauschen die Plätze.
- Alle Mädchen tauschen die Plätze.
- Alle Kinder, die eine Brille tragen, tauschen die Plätze.
- Alle Kinder, die eine blaue Hose tragen, tauschen die Plätze.
- Alle Kinder, die gern Fußball spielen, tauschen die Plätze.
- Alle Fans einer bestimmten Fußballmannschaft tauschen die Plätze.

2. Auf hoher See

Ein Kind legt sich in die Mitte auf das Schwungtuch. Die übrigen erzeugen Wellenbewegungen.

3. Der Pilz

Das Schwungtuch wird so lange gemeinsam hochgeschlagen, bis es einen Pilz ergibt. Wenn alle Kinder mitmachen und im richtigen Augenblick in die Mitte laufen, entsteht ein Fallschirmeffekt. Dabei staut sich die Luft unter dem Schwungtuch. Bei einem großen Schwungtuch können die Kinder, während sie in die Mitte laufen, das Schwungtuch hinter dem Rücken bis zum Gesäß ziehen. Anschließend setzen sie sich gleichzeitig in der Mitte auf das Tuch. So sitzen sie wie unter einem Zelt. Gemeinsam können die Kinder beobachten, wie das Zelt langsam in sich zusammenfällt.

Variante: Die Kinder ziehen das Tuch nur hinter den Kopf und legen sich dann mit dem Bauch auf den Boden.

4. Übungen mit einem „Erd“ball

Als „Erde“ dient ein leichter Ball. Manche aufblasbaren Schwimmbälle sind wie eine Erdkugel gestaltet. Aber es eignet sich auch ein Softball.

1. Spielidee

Die Kinder lassen den Ball über das Schwungtuch rollen. Der Ball darf nicht auf den Boden fallen.

Variante: Es wird eine Person ausgesucht, zu der der Ball rollen soll. Wenn der Ball am Ziel angekommen ist, wählt dieses Kind ein anderes aus, zu dem der Ball rollen soll.

2. Spielidee

Alle Kinder heben und senken die Arme ziemlich schnell. Dadurch entstehen Wellenbewegungen. Wird zusätzlich ein Ball auf das Tuch gelegt, hüpft er über das Tuch.

Variante: Mit viel Schwung wird der Ball in die Luft geschleudert und wieder aufgefangen.

Auf dem bunten Erdenball

⊙ Nr. 7

Text: Daniela Dicker – Musik: Reinhard Horn

Strophe 2

Pedro spielt am Nachmittag das, was er am liebsten mag:
Fußball auf ein kleines Tor. Jorge steht davor!

Strophe 3

Laila wirft den Ball weit weg, und das hat nur einen Zweck,
dass Katinka fangen kann. Jede ist mal dran.

Refrain

Strophe 4

Simon gibt den Ball nie ab, und dann macht er ganz schnell schlapp.
Tim, der nur daneben steht, sagt: „Das ist doch blöd!"

Strophe 5

Ole hat mit viel Geschick lang geübt und kann nen Trick.
Für die Mannschaft ist es klar: Ole wird ein Star!

Refrain

Strophe 6

Alle Kinder nah und fern spielen nun mal einfach gern,
hier und da und überall auf dem Erdenball.

Auf zum Training mit Dr. Elmar Wienecke

… mit und ohne Ball

Hallo, ich bin Elmar Wienecke, und ich möchte euch zum Training einladen – egal, ob ihr Fußballspieler oder einfach nur Fußballfans seid!

Trainieren ist gut und macht Spaß!

Hier sind ein paar Übungen mit und ohne Ball; damit trainiert ihr eure Koordination, euer Gleichgewicht, Ballgefühl und eure Muskulatur.

Übung 1

Stellt euch so im Raum auf, dass ihr Platz um euch habt und euch – falls ihr hinfallt – nicht wehtun könnt. Stellt euch auf ein Bein und schließt dann eure Augen und versucht, auf einem Bein stehen zu bleiben! (Nach 30 Sekunden Wechsel!)

Übung 2

Dieselbe Übung, diesmal nur mit einem Partner, der vor euch steht und euch leicht antippt! Versucht, stehen zu bleiben. (Wechsel!)

Übung 3

Nun nehmt euch einen Tennisball. Probiert zunächst, den Ball mit einer Hand zu werfen und zu fangen. Dann stellt ihr euch wieder auf einen Fuß mit Augen auf, werft dabei den Ball und versucht, ihn zu fangen! Achtung: Rechte Hand wirft, wenn linkes Bein in der Luft ist und umgekehrt! (Wechsel nach 30 Sekunden!)

Variante: Wenn ihr ein wenig trainiert habt, dann probiert es auch mit geschlossenen Augen!

Übung 4

Partnerübung: Beide Partner stellen sich gegenüber und stehen auf einem Bein. Dann werfen sie sich den Ball gegenseitig zu.

Variante: Den Ball unterschiedlich werfen (z. B. mit Auftippen des Balles auf den Boden, über Kopf usw.)

Danke! Das war's!!

Vier Fragen an Reiner Calmund

Langjähriger Geschäftsführer von Bayer Leverkusen, jetzt WM-Botschafter für Nordrhein-Westfalen. www.reinercalmund.de

Was können Kinder beim Fußballspielen für ihr Leben lernen?

Vor allem Teamgeist, sich auseinander zu setzen mit Mannschaftskameraden und Gegnern. Ebenso mit Siegen und Niederlagen. Hier die Nase nicht zu hoch tragen, da den Kopf nicht in den Sand stecken. Man lernt, Verantwortung für andere zu tragen und kann sich von anderen auch mal auffangen lassen. Dies bezieht sich natürlich nicht nur auf den Fußball, sondern auf jede Mannschaftssportart.

Erzählen Sie uns eine Fairplay-Geschichte aus Ihrem Fußballleben!

Es ist schon fast 25 Jahre her, ich war damals Vorstandsmitglied bei Bayer. Wir hatten einen jungen Norweger verpflichtet, den in Deutschland keiner kannte. Er hieß Arne Larsen Ökland und machte sich als Stürmer bald einen Namen. Außerdem war er ein unheimlich sympathischer Junge. Bundesweit berühmt wurde er durch eine Aktion, die wirklich ungewöhnlich war: Bayer spielte damals gegen die großen Bayern, in Leverkusen. Und wir gewannen 3:0. Arne erzielte alle drei Tore. Eigentlich vier. Aber das vierte erkannte er selbst ab. Sein Schuss war durch das defekte Außennetz im Tor gelandet. Der Schiedsrichter hatte nichts bemerkt und auf 4:0 entschieden. Arne aber zeigte wahre Größe, ging zum Unparteiischen und klärte ihn auf. Für einen Profi, gerade einen Stürmer, eine absolut ungewöhnliche Situation, vorbildlich und Fairplay in Reinkultur.

Was hat Fußball bzw. Sport mit Glauben zu tun?

Viel! Und das erfährt man, wenn man wie ich seit Jahrzehnten mit der brasilianischen Nationalmannschaft zu tun hat. Für diese Jungs, Superstars und Millionenverdiener, spielt der Glaube an Gott eine immens große Rolle. Und in diesem Glauben finden diese unterschiedlichen Charaktere in der Nationalmannschaft immer wieder zusammen und feiern einen Erfolg nach dem anderen. Jeder von uns hat Bilder von Sportlern vor Augen, in denen sie auf dem Rasen, dem Tennisplatz oder der Tartanbahn knien und die Hände zum Himmel heben, als wollten sie Gott danken. Wenn dies auch nicht für jeden explizit zutrifft, so denke ich doch, haben diese Reaktionen etwas mit „Dank an oben“ zu tun. Dank für Stärke, fürs Durchhalten, für den Sieg. Man ist in

Grenzbereiche vorgestoßen, hat persönlich Übermenschliches geschafft und bedankt sich dafür eben „ganz oben“.

Gibt es für Sie ein wichtiges Motto, ein Leitmotiv für Ihre sportliche Arbeit?

Kompetenz und Leidenschaft ist für mich die Formel zum Erfolg, sportlich, beruflich und im richtigen Leben. Ohne Ausbildung, Know-how und Nutzung seiner Fähigkeiten kommt man nicht weit. Aber Ausbildung, Know-how und sämtliche Fähigkeiten nützen nichts, wenn man nicht leidenschaftlich handelt, das heißt Ärmel hochkrempeln, kämpfen, kratzen, beißen, Gras fressen, sich nicht unterkriegen lassen, sich mit der jeweiligen Aufgabe 100-prozentig identifizieren, andere mitreißen, auch wenn man selbst fast „aus dem letzten Loch pfeift“. Wichtig ist nicht, was du kannst, sondern was du tust!

Um die Ecke gedacht

Die Erde ist ein Ball!

Kennt ihr das – um die Ecke denken? Das gibt’s manchmal bei Kreuzworträtseln oder beim Teekesselspiel!

Also, probieren wir es mal so:

Ist doch klar. Der Ball ist rund – sonst könnte er ja auch nicht rollen, der Ball. Und der Fußball hat eine ganz bestimmte Größe. Die genauen Maße könnt ihr auf Seite 22 erfahren.

Wenn man einen Nagel durch den Fußball stoßen würde, wäre das schlecht, weil der Ball dann kaputt wäre. Trotzdem, nur einmal angenommen: Dann müsste der Nagel 70 cm lang sein.

Und im Ball ist nicht anderes als Luft. Viel Luft! Das kann man auch messen.
Da ist nämlich ca. 1 Atü Luft drin, das nennt man Druck – das kennt ihr bestimmt von euren Fahrradreifen. Und im Ball muss immer genug Luft sein. Sonst rollt er nicht richtig.
Und der Fußball besteht aus vielen kleinen Kunststoffteilen. Insgesamt sind es 32 Teile – 12 Fünfecke und 20 Sechsecke.
Die meisten Bälle sind schwarz-weiß, aber es gibt auch gelbe, rote, blaue ...

Und jetzt denken wir mal um die Ecke – Nicht nur der Ball ist rund, sondern auch die Erde! Manchmal sagt man ja auch „Erdenball“.

Wenn man einen Nagel durch die Erde stecken könnte, dann wäre der allerdings ziemlich lang, nämlich 12.750 km.

Aber in der Erde ist keine Luft, sondern z. B. Magma, das ist sehr heißes Gestein – wenn ein Vulkan ausbricht, dann wird dieses Magma an die Oberfläche geschleudert, ist rot, heiß und flüssig.

Die Erde besteht auch aus viel mehr als 32 Teilen, das sind auch keine sechseckigen Stücke wie beim Fußball, sondern Meere und Länder, Berge und Täler.

Und was hat nun der Ball mit der Erde zu tun?

Nun, die Erde ist zwar auch rund, aber sie ist kein Spielgerät wie ein Fußball!

Deswegen müssen wir auf unsere Erde besonders gut aufpassen, dass aus ihr nicht die Luft rausgeht oder sie verbeult wird!

Anstoß-Gebet: Der Ball ist rund

von Reinhard Bürger

Die Erde ist fast so rund wie der Ball.
Sie ist wunderbar.
Ich lebe auf dieser Erde –
und noch viele andere Menschen.
Allein spielen ist langweilig.
Gott, du hast alle Menschen gemacht.
Deshalb können wir vieles gemeinsam tun
und miteinander spielen.
Danke, mein Freund!

16. – 30. Minute:

Das Spiel dauert

Ahnungs-Los und Weiß-Bescheid

Dem Fußball sein Regelwerk

Die ersten Fußballregeln wurden von englischen Studenten der Universität Cambridge 1848 aufgestellt, die erste offizielle Vereinbarung gab es im Dezember 1863.

Darf man beim Fußball auch mit der Hand spielen?

Eigentlich nicht, deshalb heißt das Spiel ja auch Fußball. Aber der Torwart kann innerhalb des Strafraums den Ball mit der Hand spielen; wenn er das außerhalb macht, gibt es für die Gegner einen Freistoß. Und von den Außenlinien werfen die Feldspieler den Ball mit der Hand ein.

Im ersten Regelwerk in England gab es noch die Bestimmung, dass die Hände eingesetzt werden dürfen, um den Ball abzustoppen und vor den Füßen auf den Boden zu setzen.

Stimmt es, dass die Tore und die Spielfelder unterschiedlich groß sind?

Bei den Toren nicht: Nur für Schüler und Jugendliche gelten kleinere Abmessungen. Ab der A-Jugend ist einheitlich eine Größe von 7,32 m Breite und 2,44 m Höhe vorgeschrieben. Das muss auf den Zentimeter genau stimmen, zumindest bei internationalen Begegnungen.

Dafür kann das Spielfeld zwischen 30 Metern in der Länge und sogar 45 Metern in der Breite abweichen: Die internationalen Regeln schreiben nur vor: eine Länge von 90 – 120 m und eine Breite von 45 – 90 m! Normalerweise sind die Spielfelder 105 m lang und 68 – 70 m breit.

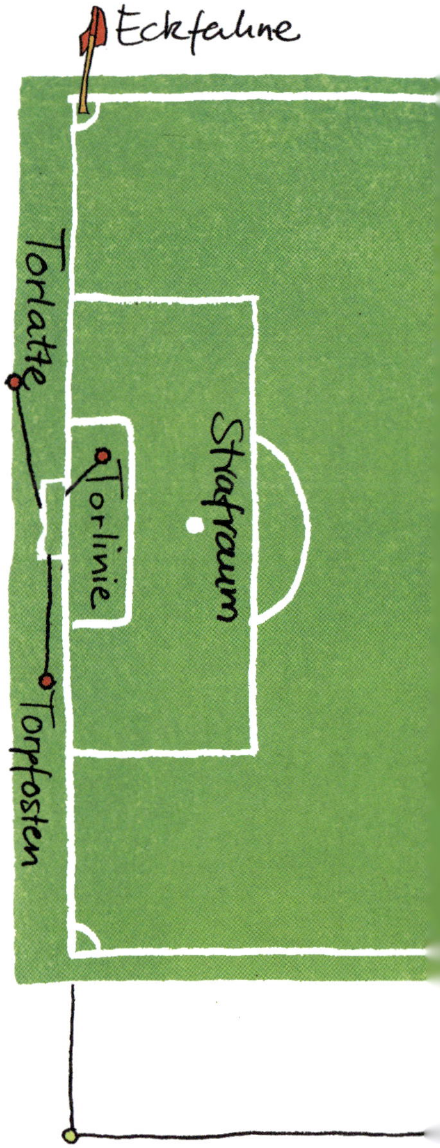

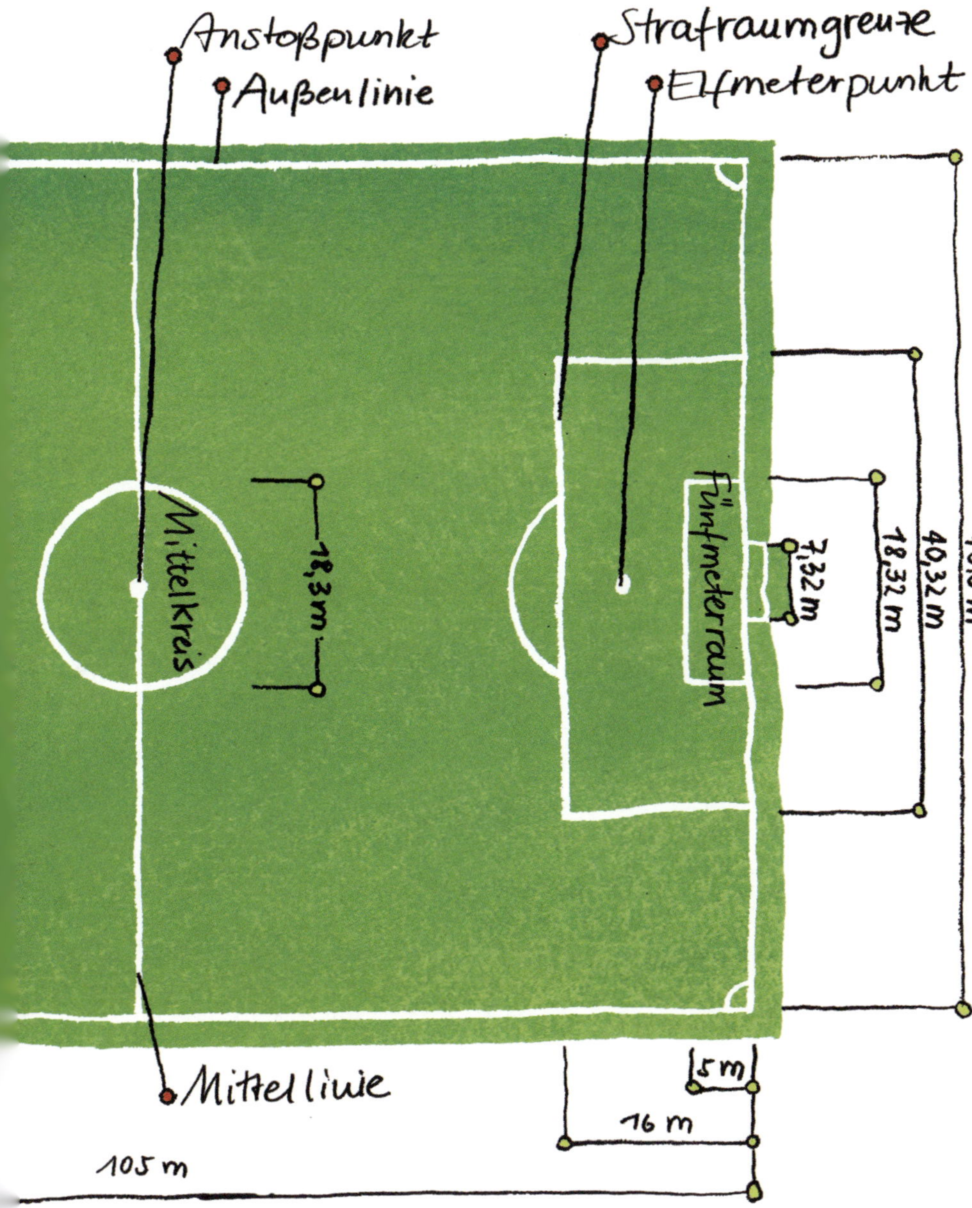
Anstoßpunkt
Außenlinie
Strafraumgrenze
Elfmeterpunkt
Mittelkreis
18,3 m
Fünfmeterraum
7,32 m
18,32 m
40,32 m
70,0 m
Mittellinie
5 m
16 m
105 m

Die neuen Fußballschuhe

von Bernd Bandulewitz

„Berniken, du hast nur Fußball im Kopf, was soll aus dir nur werden. Heinz, jetzt sag du doch auch mal was!“ Dies hörte ich von meiner Mutter ziemlich oft. Mein Vater sah meine Fußballbegeisterung gelassener, und es schien ihn zu freuen, dass ich sportlich in seine Fußstapfen treten wollte. Ich war acht Jahre alt, und wir schrieben das Jahr 1958.

Die Wochentage verliefen meist ähnlich: Schule, Mittagessen, Hausaufgaben und danach Pöhlen und zwar stundenlang, bis zum Umfallen.

Kaum einer von uns besaß Fußballschuhe. Ich hatte Sonntagsschuhe, dazu ein ordentliches Paar für die Schule, die ältesten „Gurken“ zog ich zum Pöhlen an.

Es ging auf Weihnachten zu, und auf meinem Wunschzettel stand nur ein Satz: Fußballschuhe, schwarze, mit weißen Streifen, braunen Lederstollen und Stahlkappe.

Für die Erfüllung besonderer Wünsche hatte meine Oma ein offenes Ohr. Also ging der Wunschzettel auch an sie. Oma machte jetzt ab und zu Andeutungen wie: „Wenn man das ganze Jahr brav war, erfüllt das Christkind meist die Weihnachtswünsche, und du bist ja mein braver Junge“. Ich und immer so brav.

Endlich hatten wir Heiligabend. Dann gab es Bescherung in unserer Familie, und am nächsten Morgen ging es zu Oma. Ich bekam schöne Geschenke von meinen Eltern, aber es waren keine Fußballschuhe dabei. Meine ganze Hoffnung galt dem ersten Weihnachtstag bei meiner Oma. Nach dem Frühstück gingen wir zu Fuß hin. Als wir die Wohnung betraten und uns ein frohes Weihnachtsfest wünschten, war meine Anspannung nicht mehr auszuhalten. Unter dem Weihnachtsbaum sah ich ein Geschenkpaket, das die Größe eines Schuhkartons hatte. Meine Oma überreichte es mir strahlend.

Hektisch entfernte ich das Geschenkpapier. Ich hätte mich vor Freude überschlagen können. Zum Vorschein kam ein Schuhkarton, und darin lagen nagelneue Fußballschuhe. Genau solche, wie ich sie mir immer vorgestellt hatte: schwarz mit weißen Streifen und breiten weißen Schnürbändern, mit Stahlkappe und braunen Lederstollen, echte Fußballstiefel. Ich war überglücklich und zog meinen „Traum“ sofort an.

Aber was war das? Sie passten nicht, sie waren viel zu groß. Selbst fest zugeschnürt und mit Zeitungspapier in den Fußspitzen – Mist! „Da müssen wir sie wohl nach Weihnachten umtauschen“, tröstete mich meine Mutter. Nach Weihnachten waren wir die ersten Kunden im Schuhgeschäft. Ich bekam endlich die richtige Größe und zog sofort zum „Pöhlen“ mit meinen Freunden los.

„Berni, du gurkst heute rum, das kennen wir gar nicht von dir!“, sagten meine Mannschaftskameraden. Heute weiß ich genau, woran das lag. Ich hatte mehr auf meine neuen Fußballschuhe als auf den Ball geschaut!

Sag mal, Papa

⊙ Nr. 8

Text: Dorothe Schröder – Musik: Reinhard Horn

Strophe 2

Sag mal, Papa, was tut einer, der die Abwehrkette knackt?
Braucht er Säge oder Zange? Dauert das denn nicht sehr lange?
Und solang er knacken will – steht das Spiel dann einfach still?

Strophe 3

Sag mal, Papa, warum hat Borussia Spieler heut verkauft?
Darf man das mit Menschen machen – wie mit Obst und
solchen Sachen?
Und du, Papa, sag: Bin ich unbezahlbar – auch für dich?

Wer macht das Spiel?

⊙ Nr. 9

Text: Eckart Bücken – Musik: Reinhard Horn

Strophe 2

Das Schiedsrichtergespann sind drei,
der mit der Pfeife ist dabei,
die Seitenlinien sind bewacht,
auf jede gibt da einer Acht.

Strophe 3

Die Zuschauer sind gut gelaunt,
man bangt und zittert oder staunt.
Man fragt sich: Wer erreicht das Ziel
und wird der Sieger in dem Spiel?

Vier Fragen an Harry Valérien

1. Was können Kinder beim Fußballspielen für ihr Leben lernen?

Das faire Spiel, den fairen Umgang mit dem anderen, Rücksichtnahme und gleichzeitig wetteifernden Einsatz, der nicht auf Kosten des anderen gehen soll.

2. Erzählen Sie uns eine Fairplay-Geschichte aus Ihrem Fußballleben.

Wenn ich die nur wüsste. Ich habe zwar sowohl in der Schülermannschaft des FC Bayern München als auch in Schulmannschaften viel Fußball gespielt, weiß aber wirklich keine Geschichte, die ausdrücklich mit Fairplay zusammenhängt. Es gab keine bösen oder unfairen Auseinandersetzungen, und wenn vielleicht doch, dann steckte dahinter nie etwas Bösartiges oder im ernsten Sinne Unfaires.

Sportjournalist, bekannt als Moderator des Aktuellen Sportstudios im Zweiten Deutschen Fernsehen.

3. Was hat Fußball bzw. Sport mit Glauben zu tun?

Es ist die Frage: Handelt es sich um den kirchlichen Glauben, um das Religiöse oder um den Glauben an seine Vorsätze? Vieles hat mit dem Glauben zu tun, mit dem Glauben an Gott, an das wahrhaft Mächtige, was auch im Bereich des Fußballspiels eine bestimmte Rolle spielen kann. Dies hängt aber im Wesentlichen von dem Einzelnen ab, wie er sich engagiert und wie er mit dem Wort Glauben umgehen kann.

4. Gibt es für Sie ein wichtiges Motto, ein Leitmotiv für Ihre sportliche Arbeit?

Ein wichtiges Motto war und ist immer noch: Die Tätigkeit als Berufung auffassen, nicht als Beruf. Die gestellten Herausforderungen annehmen, nicht auf die Zeit achten, sondern auf das Motiv, das die Arbeit bestimmen soll. Und schließlich: fair bleiben!

Auf zum Training mit Dr. Elmar Wienecke

… Ausdauer

Hallo, hier sind ein paar Übungen, durch die ihr eure Ausdauer testen und vielleicht auch verbessern könnt. Denn Audauer und Kondition sind wichtig für unser Herz und unseren Kreislauf!

Übung 1: Selbsttest

Der Vierer-Schritt-Test: Die richtige Belastung beim Gehen erreicht ihr, wenn ihr vier Schritte geht und dabei einatmet, dann bei den nächsten vier Schritten ausatmet und so weiter.

Wenn ihr dies tun könnt, ohne dabei „aus der Puste zu kommen“, habt ihr das richtige Tempo und die richtige Belastung gewählt.

Variante: In vielen Schulen und Sportvereinen gibt es Pulsfrequenz-Messer. Messt bei dieser Übung euren Puls!

Übung 2: Völkerball

Das Spiel kennt ihr sicher: Es wird von zwei Mannschaften gespielt, die sich in den Spielhälften gegenüberstehen und gegenseitig abwerfen müssen!

Es heißt Völkerball, und es gibt unzählige Varianten für die Spielregeln. Die einfachste: Wer vom Gegner getroffen wird, scheidet aus, die Mannschaft hat verloren, wenn kein Spieler mehr auf dem Feld ist.

Variante: Die Abgeworfenen am Spielfeldrand dürfen ebenfalls Gegner abwerfen.

Das Spiel trainiert die Ausdauer und Kondition! Viel Spaß!

Das war’s!

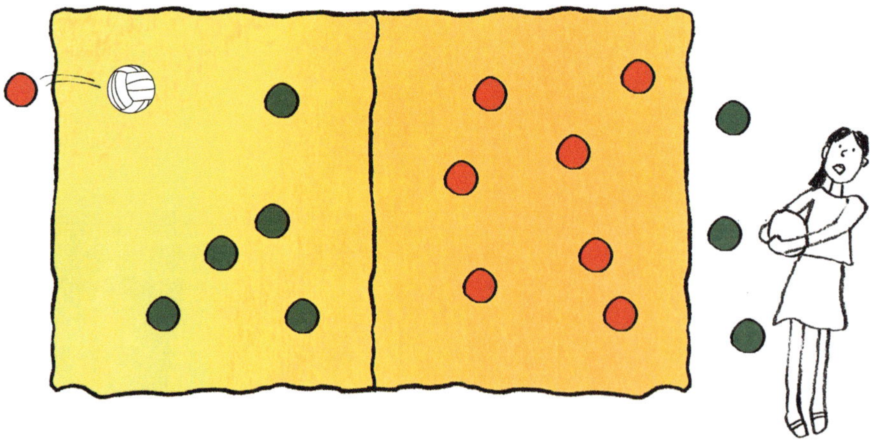

Um die Ecke gedacht

Nur nicht die Hoffnung aufgeben!

Kennt ihr das – um die Ecke denken?

Das gibt's manchmal bei Kreuzworträtseln oder beim Teekesselspiel!

Also, probieren wir es mal so:

Ein Fußballspiel dauert 90 Minuten, ist klar! Und es besteht aus zwei Halbzeiten zu je 45 Minuten.

Auch klar!

Ein Spiel ist erst entschieden, wenn der Schiedsrichter abpfeift.

Und schon häufig ist kurz vor dem Schlusspfiff das entscheidende Tor gefallen.

Deswegen kämpfen auch alle Spieler bis zum Schluss!

Klar!

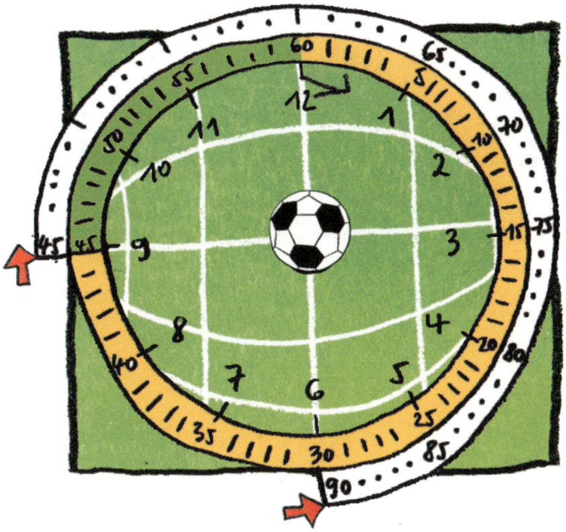

Und jetzt denken wir mal um die Ecke:

Die Fußballspieler kämpfen also bis zum Schluss – und sie geben erst auf, wenn der Schiedsrichter abpfeift.

Deswegen ist es auch für uns alle gut, wenn wir nicht die Hoffnung aufgeben, wenn wir für das kämpfen, was wir erreichen wollen.

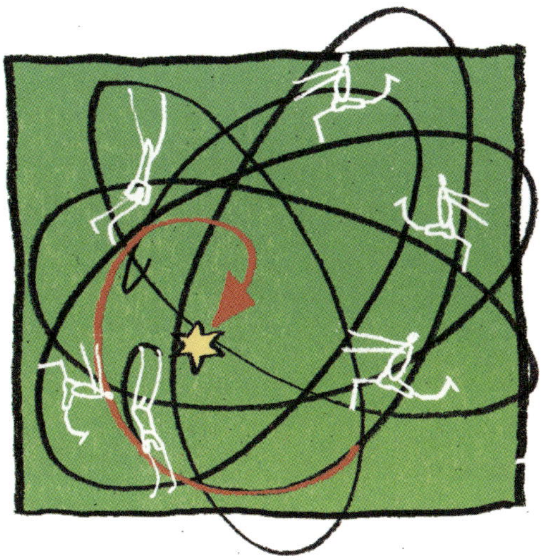

Das gilt im Fußball.
Das gilt für die Schule.
Das gilt für unser Leben:
Nur nicht die Hoffnung aufgeben!

Anstoß-Gebet: Das Spiel dauert 90 Minuten – nicht die Hoffnung aufgeben

von Reinhard Bürger

90 Minuten
können ganz schön lang werden.
Mancher kommt schnell aus der Puste
oder verliert die Lust.
Jetzt brauche ich Kraft und Hoffnung,
um weiter zu machen.
Du, Gott,
gibst den Menschen Energie,
wenn sie schlapp machen.
Ich bin froh,
dass du mir Hoffnung gibst,
damit ich durchhalte.

31. – 45. Minute:
Mailand oder Madrid –

Kontinent-Pate für Europa

Lukas Podolski

Spielt beim 1. FC Köln, schon 2004/05 Torschützenkönig in der Zweiten Bundesliga und Nationalspieler.
www.lukas-podolski.com

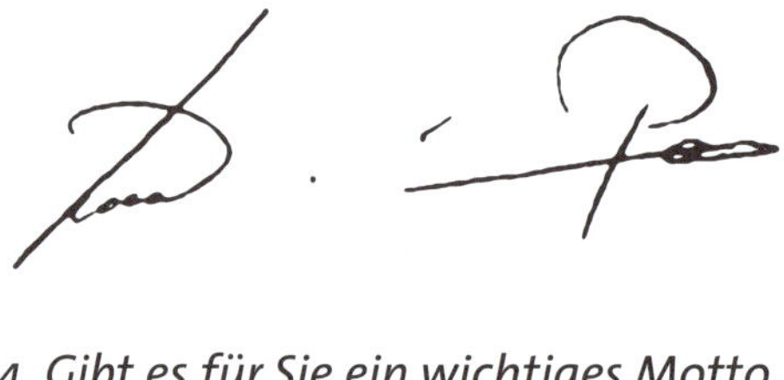

1. Was können Kinder beim Fußballspielen lernen?

Fußball ist ein Mannschaftssport, Erfolg kann man nur im Team als Einheit haben. Es ist also Teamwork angesagt.

2. Erzählen Sie uns eine Fairplay-Geschichte aus Ihrem Fußballleben!

Beim Fußball passiert es eben, dass man foult oder gefoult wird. Das gehört zum Spiel dazu, nach dem Schlusspfiff ist aber alles vergessen.

Ich finde es klasse, wenn ein Spieler den Schiedsrichter auf eine Fehlentscheidung hinweist. So wie zuletzt Miro Klose. Er hat dem Schiri gesagt, dass es kein Elfmeter für ihn war, obwohl der schon auf Strafstoß entschieden hatte.

3. Was hat Fußball bzw. Sport mit Glauben zu tun?

Wenn ich auf dem Platz stehe, gibt es für mich nur Fußball. Die Mannschaft geht auf den Platz, um zu gewinnen, da spielt der Glaube eine untergeordnete Rolle. Im Team sind unterschiedliche Religionen vertreten, und alle arbeiten gemeinsam an einem Ziel.

4. Gibt es für Sie ein wichtiges Motto, ein Leitmotiv für Ihre sportliche Arbeit?

Für mich ist es wichtig, immer alles zu geben. Das Spiel ist erst aus, wenn der Schiri abpfeift.

Kontinent-Pate für Amerika

Giovanne Elber

1. Was können Kinder beim Fußballspielen für ihr Leben lernen?

Das Miteinander. Von klein auf geht es im Fußball um das Miteinander der Mannschaftskameraden. Das Wort kommt ja auch von Kameradschaft. Und du lernst, dich unterzuordnen, gewisse Dinge zu akzeptieren, wenn du beispielsweise auf der Bank sitzt. Beim Fußball lernst du die komplette soziale Schiene des Lebens kennen.

Brasilianer, spielte u.a. bei Bayern München, mit 133 Treffern der erfolgreichste ausländische Torjäger in der Bundesliga.

2. Erzählen Sie uns eine Fairplay-Geschichte aus Ihrem Fußballleben!

Es gibt sehr viele. Besonders in Erinnerung geblieben ist mir etwas aus meiner Zeit als Jugendlicher in Brasilien: Bei einer Jugendpartie lagen wir 0:1 hinten, mein Gegenspieler haute mir im Strafraum die Beine weg, der Schiedsrichter gab Eckball. Daraufhin sagte mein Gegenspieler: „Ich foule dich gleich noch einmal, damit es Elfmeter gibt." Das hat zwar wehgetan, aber wir haben auch durch den Elfmeter – allerdings stand es da schon 3:1 für uns – 5:1 gewonnen!

3. Was hat Fußball bzw. Sport mit Glauben zu tun?

Für mich ist Glauben auch im Sport sehr wichtig. Glaube spielt im Fußball die gleiche Rolle wie im Leben. Er gibt mir Kraft und Ansporn, er macht Mut. Gott macht mich stark.

4. Gibt es für Sie ein wichtiges Motto, ein Leitmotiv für Ihre sportliche Arbeit?

Ich möchte Spaß haben. Wenn du Erfolg hast, hast du Spaß; hast du Spaß, dann hast du auch Erfolg – so einfach ist das.

Länder, Fahnen, Kontinente – Europa

Deut
- Hau
- Ein
  6,3
  run

Niederlande
- Hauptstadt: Amsterdam; Sprache: niederländisch
- Einwohner: mehr als 16 Millionen, etwa 1,3 Millionen Fußballer in Vereinen, davon rund 450.000 Kinder und Jugendliche.

England
- Hauptstadt: London; Sprache: englisch
- Einwohner: mehr als 49 Millionen, etwa 3,3 Millionen Fußballer in Vereinen, davon rund 770.000 Kinder und Jugendliche.

Frankreich
- Hauptstadt: Paris; Sprache: französisch
- Einwohner: mehr als 61 Millionen, etwa 3 Millionen Fußballer in Vereinen, davon rund 1 Millionen Kinder und Jugendliche.

Portugal
- Hauptstadt: Lissabon; Sprache: portugiesisch
- Einwohner: mehr als 10 Millionen, etwa 290.000 Fußballer in Vereinen, davon rund 75.000 Kinder und Jugendliche.

Spanien
- Hauptstadt: Madrid; Sprache: spanisch
- Einwohner: mehr als 43 Millionen, etwa 2,5 Millionen Fußballer in Vereinen, davon rund 480.000 Kinder und Jugendliche.

Schweiz
- Hauptstadt: Bern; Sprachen: deutsch, französisch, italienisch
- Einwohner: mehr als 7,4 Millionen, etwa 440.000 Fußballer in Vereinen, davon rund 120.000 Kinder und Jugendliche.

Italien
- Hauptstadt: Rom; Sp
- Einwohner: mehr als
  Millionen Fußballer
  740.000 Kinder und

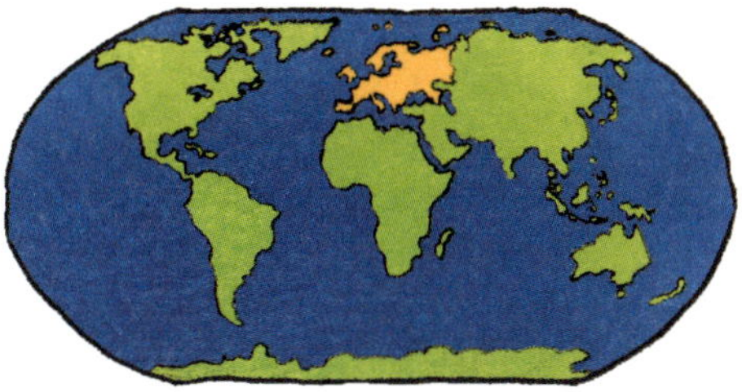

rlin; Sprache: deutsch
hr als 82 Millionen, etwa
ußballer in Vereinen, davon
n Kinder und Jugendliche.

Schweden
- Hauptstadt: Stockholm; Sprache: schwedisch
- Einwohner: mehr als 9 Millionen, etwa 580.000 Fußballer in Vereinen, davon rund 52.000 Kinder und Jugendliche.

Polen
- Hauptstadt: Warschau; Sprache: polnisch
- Einwohner: mehr als 38 Millionen, etwa eine Million Fußballer in Vereinen, davon rund 220.000 Kinder und Jugendliche.

Ukraine
- Hauptstadt: Kiew; Sprache: ukrainisch/russisch
- Einwohner: mehr als 47 Millionen, etwa 750.000 Fußballer in Vereinen, davon rund 120.000 Kinder und Jugendliche.

Tschechien
- Hauptstadt: Prag; Sprache: tschechisch
- Einwohner: mehr als 10 Millionen, etwa 590.000 Fußballer in Vereinen, davon rund 240.000 Kinder und Jugendliche.

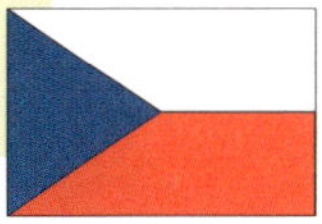

Kroatien
- Hauptstadt: Zagreb; Sprache: kroatisch
- Einwohner: mehr als 4,4 Millionen, etwa 700.000 Fußballer in Vereinen, davon rund 460.000 Kinder und Jugendliche.

Serbien & Montenegro
- Hauptstadt: Belgrad; Sprache: serbisch
- Einwohner: mehr als 10 Millionen, etwa 470.000 Fußballer in Vereinen, davon rund 100.000 Kinder und Jugendliche.

sch
etwa 4
von rund

Fußball, football, soccer

⊙ Nr. 10

Text: Eckart Bücken – Musik: Reinhard Horn

Strophe

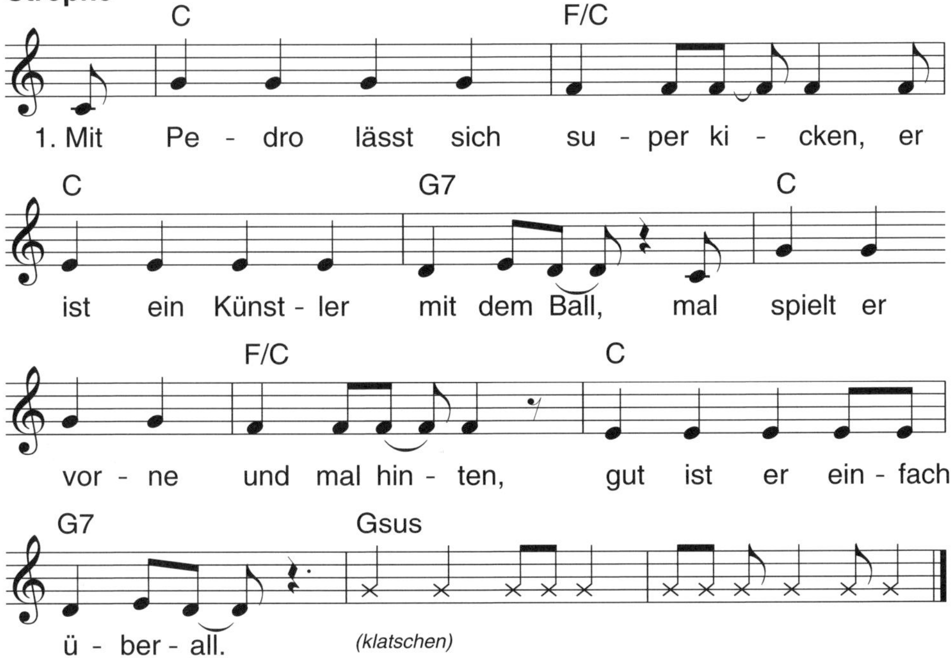

Refrain

Strophe 2

Der Kiko spielt den Ball mit Händen,
der ist aus Leder, voll mit Gras,
er wird gestoßen und geworfen,
den Kindern macht das sehr viel Spaß.

Refrain

Strophe 3

Chandini sieht gern zu beim Spielen.
Doch sind die Brüder mit dabei,
will sie die kräftig unterstützen
mit lautem Klatschen und Geschrei.

Refrain

Strophe 4

Die Anna spielt mit bei den Frauen,
verteidigt und beschützt das Tor.
Sie ist beliebt in ihrer Mannschaft,
ein Gegentor kommt selten vor.

Refrain

Länder, Fahnen, Kontinente – Amerika

Mexiko
- Hauptstadt: Mexiko-Stadt
- Sprache: spanisch
- In Mexiko leben mehr als 106 Millionen Menschen – über 7,4 Millionen spielen Fußball in Vereinen, davon rund 220.000 Kinder und Jugendliche.

Costa Rica
- Hauptstadt: San José
- Sprache: spanisch
- In Costa Rica leben mehr als 4 Millionen Menschen – etwa 69.000 spielen Fußball in Vereinen, davon rund 28.000 Kinder und Jugendliche.

Ecuador
- Hauptstadt: Quito
- Sprache: spanisch
- In Ecuador leben mehr als 13 Millionen Menschen – über eine Million spielen Fußball in Vereinen, davon rund 9.100 Kinder und Jugendliche.

Chile
- Hauptstadt: Santiago de Chile
- Sprache: spanisch
- In Chile leben mehr als 15 Millionen Menschen – etwa 1,2 Millionen spielen Fußball in Vereinen, davon rund 270.000 Kinder und Jugendliche.

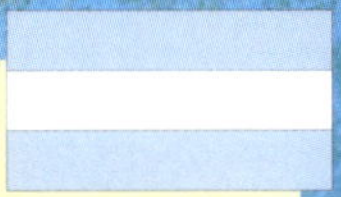

Argentinien
- Hauptstadt: Buenos Aires
- Sprache: spanisch
- In Argentinien leben mehr als 38 Millionen Menschen – über 1,5 Millionen spielen Fußball in Vereinen, davon rund 250.000 Kinder und Jugendliche.

A
- lauptstadt: Washington D. C.
- prache: amerikanisches Englisch
- n den USA leben mehr als 295 Millionen
Aenschen – etwa 17,9 Millionen spielen
ußball in Vereinen, davon rund 3,6 Millionen
inder und Jugendliche.

Trinidad & Tobago
- Hauptstadt: Port-of-Spain
- Sprache: englisch
- In Trinidad & Tobago leben mehr als eine Million Menschen – etwa 28.000 spielen Fußball in Vereinen, davon rund 10.000 Kinder und Jugendliche.

Paraguay
- Hauptstadt: Asunción
- Sprache: spanisch/guaraní
- In Paraguay leben mehr als 6,3 Millionen Menschen – über 720.000 spielen Fußball in Vereinen, davon rund 20.000 Kinder und Jugendliche.

Brasilien
- Hauptstadt: Brasília
- Sprache: portugiesisch
- In Brasilien leben mehr als 186 Millionen Menschen – über 7 Millionen spielen Fußball in Vereinen, davon rund 1,2 Millionen Kinder und Jugendliche.

Uruguay
- Hauptstadt: Montevideo
- Sprache: spanisch
- In Uruguay leben mehr als 3,4 Millionen Menschen – mehr als 200.000 spielen Fußball in Vereinen, davon rund 7.300 Kinder und Jugendliche.

Kontinent-Pate für Afrika

Nando Rafael

Deutscher Stürmer bei Herta BSC Berlin, aktiv seit 1995, U-21 Nationalmannschaft.

1. Was können Kinder beim Fußballspielen für ihr Leben lernen?

Es gibt viele Dinge, die Kinder beim Fußballspielen für ihr Leben lernen können: Teamgeist, Respekt voreinander, gemeinsame Erfolgserlebnisse, soziales Handeln und gemeinsame Misserfolge. All diese Dinge sind für das spätere Leben von großer Bedeutung.

2. Erzählen Sie uns eine Fairplay-Geschichte aus Ihrem Fußballleben!

Ich habe mal, als bei mir Abseits gepfiffen wurde, dem Schiedsrichter gesagt, dass er mit seiner Entscheidung richtig lag.

3. Was hat Fußball bzw. Sport mit Glauben zu tun?

Ich denke, dass sportlicher Erfolg oft von spirituellen Kräften abhängig ist. Ich glaube an Gott, und er hat mich auf meinem Weg stets begleitet. Auch in schlechten Phasen war Gott immer ein guter Ratgeber.

4. Gibt es für Sie ein wichtiges Motto, ein Leitmotiv für Ihre sportliche Arbeit?

Mein Leitmotiv ist, dass ich davon überzeugt bin, dass man mit Gottes Hilfe sehr erfolgreich sein kann.

Kontinent-Pate für Asien

Du-Ri Cha

1. Was können Kinder beim Fußballspielen lernen?

Fair miteinander umzugehen und sich in einer Gruppe sozial zu verhalten. In einem Team ist man auf den anderen angewiesen, so dass der Fußball auch den Zusammenhalt stärkt.

2. Erzählen Sie uns eine Fairplay-Geschichte aus Ihrem Fußballleben!

Da gab es einige. Fair finde ich es immer, wenn man im Zweikampf zu Boden geht und der Gegenspieler dann schaut, ob etwas Schlimmeres passiert ist. Dies zeugt von Mitgefühl und Menschlichkeit.

3. Was hat Fußball bzw. Sport mit Glauben zu tun?

Der religiöse Glaube hat grundsätzlich nichts mit Fußball zu tun. Das ist eine Sache, die tief aus deinem Inneren kommt und nicht für außen bestimmt ist. Was den Glauben an sich selbst, an seine eigenen Stärken angeht, so gilt für den Fußball dasselbe wie für den Alltag: Man sollte immer an sich und an seine Stärken glauben. Der Glaube an Gott und an seine eigene Person kann Berge versetzen.

4. Gibt es für Sie ein wichtiges Motto, ein Leitmotiv für Ihre sportliche Arbeit?

Dass ich, egal was passiert, immer glauben werde und diesen Glauben bewahre.

Südkoreanischer Nationalstürmer, seit 2002 in Deutschland aktiv, Sohn von Bum-Kun Cha. Spielt wie früher sein Vater bei Eintracht Frankfurt.

Länder, Fahnen, Kontinente – Afrika

Tunesien
- Hauptstadt: Tunis
- Sprache: arabisch
- In Tunesien leben mehr als 9,9 Millionen Menschen – über 77.000 spielen Fußball in Vereinen, davon rund 6.200 Kinder und Jugendliche.

Elfenbeinküste
- Hauptstadt: Yamoussoukro
- Sprache: französisch
- An der Elefenbeinküste leben mehr als 17 Millionen Menschen – etwa 100.000 spielen Fußball in Vereinen, davon rund 10.000 Kinder und Jugendliche.

Ghana
- Hauptstadt: Accra
- Sprache: englisch
- In Ghana leben mehr als 20 Millionen Menschen – etwa 125.000 spielen Fußball in Vereinen, davon rund 10.000 Kinder und Jugendliche.

Togo
- Hauptstadt: Lomé
- Sprache: französisch
- In Togo leben mehr als 5,5 Millionen Menschen – über 20.000 spielen Fußball in Vereinen, davon rund 4.100 Kinder und Jugendliche.

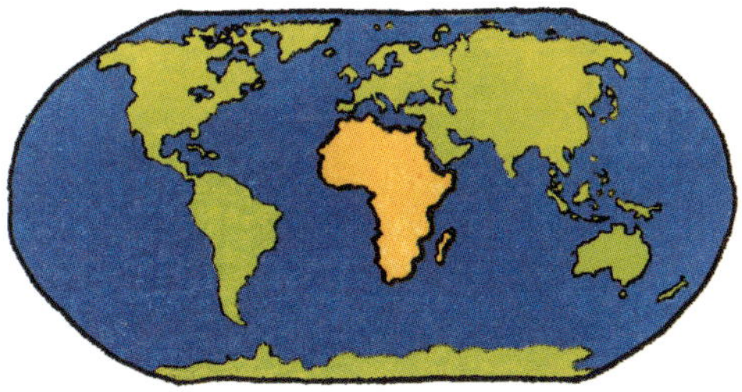

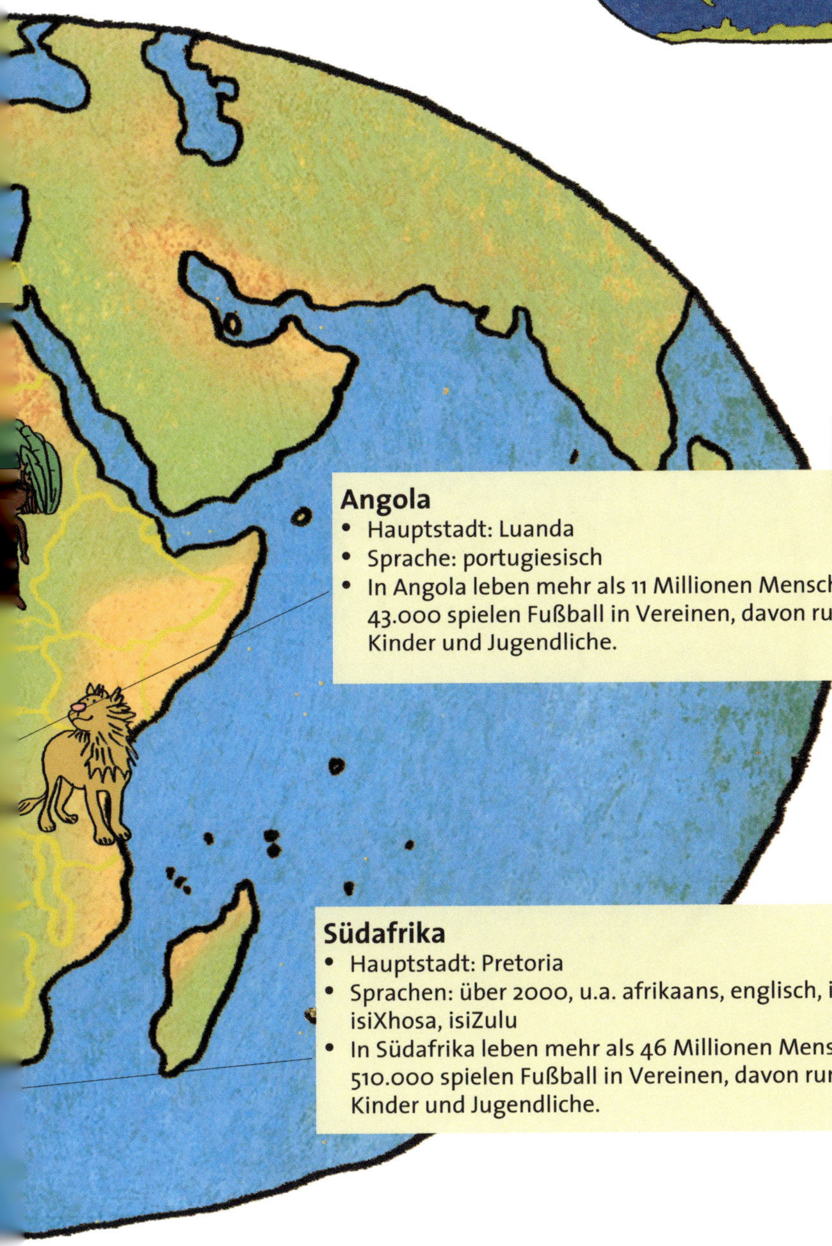

Angola

- Hauptstadt: Luanda
- Sprache: portugiesisch
- In Angola leben mehr als 11 Millionen Menschen – über 43.000 spielen Fußball in Vereinen, davon rund 3.000 Kinder und Jugendliche.

Südafrika

- Hauptstadt: Pretoria
- Sprachen: über 2000, u.a. afrikaans, englisch, isiNdebele, isiXhosa, isiZulu
- In Südafrika leben mehr als 46 Millionen Menschen – über 510.000 spielen Fußball in Vereinen, davon rund 62.000 Kinder und Jugendliche.

Länder, Fahnen, Kontinente – Asien

Iran

- Hauptstadt: Teheran
- Sprache: persisch (Farsi)
- Im Iran leben mehr als 69 Millionen Menschen – etwa 800.000 spielen Fußball in Vereinen, davon rund 140.000 Kinder und Jugendliche.

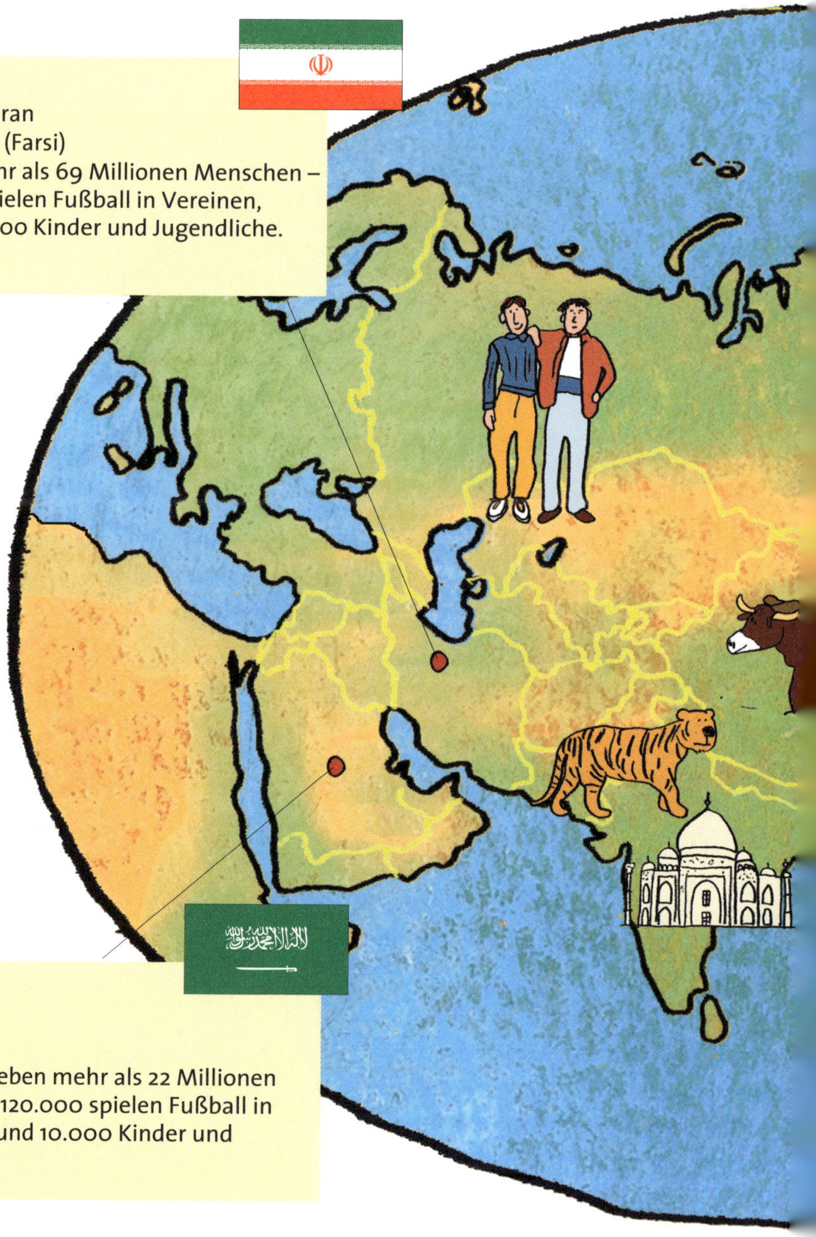

Saudi-Arabien

- Hauptstadt: Riad
- Sprache: arabisch
- In Saudi-Arabien leben mehr als 22 Millionen Menschen – etwa 120.000 spielen Fußball in Vereinen, davon rund 10.000 Kinder und Jugendliche.

Südkorea
- Hauptstadt: Seoul
- Sprache: koreanisch
- In Südkorea leben mehr als 48 Millionen Menschen – über 520.000 spielen Fußball in Vereinen, davon rund 14.000 Kinder und Jugendliche.

Japan
- Hauptstadt: Tokio
- Sprache: japanisch
- In Japan leben mehr als 127 Millionen Menschen – über 3,3 Millionen spielen Fußball in Vereinen, davon rund 620.000 Kinder und Jugendliche.

China
- Hauptstadt: Peking
- Sprachen: mandarin und viele, regional begrenzte, andere Sprachen
- In China leben mehr als 1,3 Milliarden Menschen – über 7,2 Millionen spielen Fußball in Vereinen, davon rund 129.000 Kinder und Jugendliche.

Kontinent-Pate für Ozeanien

Wynton Rufer

Von 1989 – 1995 bei Werder Bremen, „Ozeaniens Fußballer des Jahrhunderts“.

1. Was können Kinder beim Fußballspielen lernen?

Das ist eigentlich ganz einfach: Mit der Begeisterung, die man auch dem Sport entgegenbringt, soll man sich dem Glauben und Jesus widmen. Nehmen wir zum Beispiel die Stelle Galater 5,22. Einige der hier erwähnten Tugenden wie Geduld, Freude und Selbstbeherrschung benötigt man auch im Fußball.

2. Was bedeutet für Sie Fairplay?

Naja, ich bin nun mal Stürmer. Das heißt, dass ich ja im Spiel nichts zerstören muss, sondern ich habe die Aufgabe, gefährliche Situationen vor dem gegnerischen Tor zu schaffen. Da konnte ich von Anfang an etwas weniger aggressiv spielen. Allerdings habe ich schon einmal im Europapokal einen Platzverweis bekommen. Ich wollte damals meinen Mitspieler nach einem brutalen Foul schützen und habe Gelb gesehen. Kurze Zeit später habe ich dann den Übeltäter wegrasiert. Das passiert schon mal. Aber unsportlich war ich nie, dass hatte ich nicht nötig.

3. Sie sind 1986 zu einem sehr gläubigen Christen geworden. Was ist damals geschehen?

Ich habe 1986 bei der Schweizer Armee einen Mann von der Heilsarmee kennen gelernt: Bert. Bert erzählte mir von Jesus. Es war wie bei der Bekehrung von Saulus zu Paulus. Ich habe da Jesus getroffen – ein absolutes Wunder. Wir waren damals in den Bergen. Ich bin zu einer Telefonzelle gerannt und habe meine Frau angerufen. Wir haben lange telefoniert und darüber gesprochen. In dieser Telefonzelle bin ich neu geboren worden.

Danach ging es stetig bergauf mit meiner Karriere, ich hatte Erfolg. Außerdem verlor ich kleinere Ängste. So hatte ich zum Beispiel früher Angst im Dunkeln. Die war plötzlich weg. Der Moment damals war der größte in meinem Leben, er übertrifft alle Erfolge und Ehrungen.

4. Gibt es für Sie ein wichtiges Motto, ein Leitmotiv für Ihre sportliche Arbeit?

Mit Jesus wird man ein neuer und besserer Mensch.

Um die Ecke gedacht

Die Welt ist ein Dorf

Kennt ihr das – um die Ecke denken?

Das gibt's manchmal bei Kreuzworträtseln oder beim Teekesselspiel!

Also, probieren wir es mal so:

Mailand oder Madrid – Hauptsache Italien. Das hat mal ein prominenter Fußballer gesagt. Er hat sich ein wenig vertan mit den Städten, denn Madrid liegt in Spanien und Mailand in Italien!

Na ja, er hat sich bestimmt nur vertan! Das kommt ja schon mal vor.

Und jetzt denken wir mal um die Ecke –

Mailand oder Madrid – Tokio oder Turin – Kairo oder Köln ...

Die Welt ist eigentlich ein Dorf. Und in diesem Dorf leben wir Menschen alle zusammen: die Menschen in Afrika und die Menschen in Asien und die Menschen in Süd- und Nordamerika, die Menschen in Australien und die Menschen in Europa. Im Moment sind es 6.477.000.000 Menschen (über sechs Milliarden – eine Sechs mit neun Nullen).

Ziemlich großes Dorf!

Und alles hängt zusammen.

So wie bei uns!

Ich habe nasse Füsse, und was krieg ich? Nen richtigen Schnupfen, und meine Nase läuft!

Und so hängt alles auch in unserer Welt zusammen!

So wie bei der Tsunami-Welle. Da gab es die große Flutwelle in Asien, und bei uns gab es eine große Hilfswelle.

Und bei dem Hurrikan in New Orleans – da gab es den großen Sturm, und bei uns stiegen die Benzinpreise.

Und mit dem Regenwald in Brasilien – da wird der Regenwald abgeholzt, und unser Klima verändert sich.

Und und und ... Es hängt eben alles mit allem zusammen!

Sag mal, was ist Globalisierung?

Bevor es Flugzeuge, schnelle Motorschiffe, Telefon und Internet gab, dauerte es sehr lange, wenn Menschen aus Deutschland mit Menschen, die weiter weg wohnten, reden oder Handel treiben wollten. Ein Brief aus Deutschland nach Amerika wurde zum Beispiel mit dem Segelschiff transportiert. Das dauerte oft mehrere Wochen oder sogar Monate. Heute geht das alles sehr schnell. Deshalb kannst du heute auch bei uns viele Dinge kaufen, die in anderen Ländern hergestellt wurden. Bananen zum Beispiel werden innerhalb weniger Stunden mit dem Flugzeug von Südamerika nach Deutschland gebracht.

Wir wiederum verkaufen viele Dinge, die bei uns hergestellt wurden, in andere Länder. Du kannst dir die Erde vielleicht als einen einzigen, riesigen Marktplatz vorstellen, auf dem die einzelnen Länder verschiedene Dinge anbieten und verkaufen. Die Erwachsenen sagen dazu oft „Globalisierung". Das Wort kommt von Globus.

Auf den ersten Blick scheint das mit dem riesigen Marktplatz eine gute Sache zu sein. Wir können heute ganz selbstverständlich viele Dinge sehr günstig kaufen, die es früher nur selten oder gar nicht zu kaufen gab. Oft waren diese Dinge dann auch sehr teuer. Denke nur an die Banane oder andere exotische Früchte wie Ananas, Mango und viele andere mehr.

Damit wir hier in Deutschland günstig Bananen essen können, werden aber in Ländern wie z. B. Ecuador die Arbeiter, die die Bananen ernten, schlecht bezahlt. Oft wird die Arbeit auch von Kindern gemacht, weil sie für das Ernten weniger Geld bekommen als ein erwachsener Arbeiter. Mit vielen anderen Dingen ist es genauso.

Die Menschen verdienen nur sehr wenig für ihre Arbeit. Sie sind arm und können sich viele Dinge, die für uns selbstverständlich sind, nicht leisten. Oft müssen die Kinder auch Geld in den Fabriken verdienen und dürfen nicht zur Schule gehen. Sie erhalten keine Bildung. Fabrikbesitzer müssen in anderen Ländern meist auch weniger Steuern zahlen.

Wenn die Menschen wenig verdienen, keine Arbeitslosenversicherung haben und geringe Steuern bezahlt werden müssen, wird die Ware billiger. Deshalb sind Produkte aus anderen Ländern oft sehr preiswert. Das ist für uns erst einmal toll – aber wenn wir überlegen, wie die Menschen in den Fabriken der anderen Länder behandelt werden, müssen wir etwas tun. Viele Menschen haben das Problem erkannt und setzen sich für einen fairen Handel und menschenwürdige Lebensbedingungen für alle ein. Zusätzlich unterstützen viele Menschen Projekte, die das Leben von Kindern und Jugendlichen in den armen Ländern verbessern.

Auch du kannst etwas für die Rechte der in Armut und Elend lebenden Kinder und Erwachsenen tun, indem du darauf achtest, wo die Sachen, die du kaufst, herkommen und ob die Firmen für menschenwürdige Arbeitsbedingungen bei der Herstellung garantieren können.

In einigen Läden kannst du zum Beispiel Bananen oder Kaffee aus fairem Handel kaufen. Fairer Handel bedeutet, dass die Arbeiter und Bauern einen angemessenen Lohn erhalten, von dem sie ihre Familie gut ernähren können. Der weltweite Marktplatz ist erst dann für alle eine gute Sache, wenn auch alle Länder die gleichen Vorteile haben können.

Quelle: Evi Kubinke, Helga Wolf, Don Bosco-Jugend Dritte Welt; www.jugend-dritte-welt.de

Länder, Fahnen, Kontinente – Ozeanien

Australien

- Hauptstadt: Canberra
- Sprache: australisches Englisch
- In Australien leben mehr als 20 Millionen Menschen – etwa 390.000 spielen Fußball in Vereinen, davon rund 65.000 Kinder und Jugendliche.

Neuseeland

- Hauptstadt: Wellington
- Sprache: englisch, maori
- In Neuseeland leben mehr als 4,1 Millionen Menschen – über 136.000 spielen Fußball in Vereinen, davon rund 75.000 Kinder und Jugendliche.

Fair bleibt fair

⊙ Nr. 11

Text: Eckart Bücken – Musik: Reinhard Horn

Refrain

Strophe 2

Fair sein und einander trauen,
wir sind Partner auf dem Feld,
und nach dem Verletzten schauen,
das ist es, was so manchem fehlt!

Refrain

Strophe 3

Fair sein und im Frieden scheiden,
ob Verlust oder Gewinn,
und immer grobe Fouls vermeiden,
nur solche Sachen machen Sinn!

Refrain

Anstoß-Gebet: World Wide Net

von Reinhard Bürger

In allen Ländern der Welt spielen die Menschen Fußball.
Das ist ganz toll,
denn so haben viele Menschen etwas Gemeinsames.
Sie verstehen sich,
auch wenn sie die Sprache des anderen nicht sprechen können.
Egal, welche Sprache einer spricht oder welche Hautfarbe er hat,
im Spiel ist jeder wichtig.
Gott, ich staune:
Du musst unheimlich viel Fantasie haben,
weil die Menschen so verschiedene Begabungen haben.
Gut, dass ich nicht alles allein machen muss
und mich auf andere verlassen kann.

Halb**zeit**

IHR SEID DIE BESTEN
...you never walk alone...
fresh & fair
CHAMPIGNONS

fair
fair

Eine Kabinenpredigt zur Halbzeit: Und ich sach noch …

Szenisches Sprechstück von Rita Mölders

Trainer: Ihr wart so schlecht, ihr wart so schlecht, ihr wart so schlecht!
Die erste Halbzeit ist vorbei, und es steht schon 0 : 3.
Hört, was ich euch sagen kann, ich fang mal mit dem Stürmer an.

Trainer zum Stürmer:
Und ich sach noch: „Schieß den Ball in die rechte Ecke rein."
Aber musste es denn wirklich diese eine Ecke sein?
Erst sieht alles noch ganz gut aus –
plötzlich drehst du dich herum.
Du nimmst Kurs auf unser eignes Tor
und triffst genau – wie dumm.

Trainer: Die erste Halbzeit ist vorbei, und es steht schon 0 : 3.
Hört, was ich euch sagen kann, als nächstes ist die Abwehr an.

Trainer zum Verteidiger:
Und ich sach noch: „Pass gut auf und bewache deinen Mann."
Doch ich meinte nicht den Schiri, der das gar nicht haben kann.
Während du dich an ihn klammerst und ihn beißt ins rechte Ohr,
holt dein Gegner sich den Ball und schießt ein unhaltbares Tor.

Trainer: Die erste Halbzeit ist vorbei, und es steht schon 0 : 3.
Hört, was ich euch sagen kann, als letzter kommt der Torwart dran.

Trainer zum Torwart:
Und ich sach noch: „Halt den Kasten sauber und lass keinen rein."
Tja, nun stehst du da mit einem Schrubber.
Muss das wirklich sein?
Mit dem Feger und der Nagelschere säuberst du das Gras,
und die Gegner schießen hinter dir das dritte Tor nach Maß.

Trainer: Eine Halbzeit ist vorbei, und es steht schon 0 : 3.
Ich will jetzt Erfolge sehn, sonst werde ich in Rente gehn.

Spieler: Lieber Trainer, gib mal Ruh und hör uns ein wenig zu.
Du hast da wohl was versäumt.
Hast du etwa schlecht geträumt?
Von den Toren zählte keins – nein, wir führen 8 : 1.
Und ganz nah sind wir dem Ziel: Wir gewinnen dieses Spiel!
Denn wir sind gut, wir sind so gut, ja, wir sind gut!

Vier Fragen an Marcel Reif

Seit 1984 Fernsehjournalist bei ZDF, RTL, jetzt bei Premiere, Grimme-Preisträger.

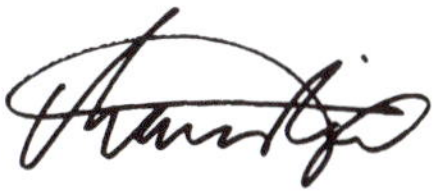

1. Was können Kinder beim Fußballspielen für ihr Leben lernen?

- Freude am Miteinander
- „Sozialhygiene“: Erfolg anstreben, dabei aber fair bleiben. Denn wie im Fußball gibt es auch im Leben Regeln.
- Respekt vor dem Gegner

2. Erzählen Sie uns eine Fairplay-Geschichte aus Ihrem Fußballleben!

Da gibt es eine Geschichte die mir heute noch eine Gänsehaut bereitet:

Fernando Redondo, ein argentinischer Mittelfeldspieler, spielte mehrere Jahre bei Real Madrid und war daher sehr mit der Stadt verwurzelt. Im Sommer 2000 wurde er an den AC Mailand verkauft, wo er in der Vorbereitung auf seine erste Saison einen Kreuzbandriss erlitt, der ihn mit einigen damit verbundenen Operationen über zwei Jahre vom Spielen abhielt.

Nach seiner Genesung kam es zum Spiel gegen Real Madrid. Redondo wurde für einen verletzten Mitspieler eingesetzt – beim Einwechseln wurde er aus der gegnerischen Ultra-Ecke (dort sitzen die „Hardcore-Fans“ eines Vereins) mit stürmischem Beifall begrüßt.

Nach dem Spiel, welches Madrid für sich entscheiden konnte, gingen die Mannschaften vom Feld. Raúl, der Kapitän von Madrid, kam noch mal heraus und schob Redondo vor sich her in Richtung der Madrider Hardcore-Fans. Wortlos drehte sich Raúl dann um, ging weg und ließ Redondo die letzen Meter allein zurücklegen. Je näher er kam, desto mehr wurde er von den Fans gefeiert. Obwohl es Fans der gegnerischen Mannschaft waren, feierten sie ihn als etwas Besonderes. Das war „Fantum“ (Zuneigung, Würdigung, Mitgefühl und Respekt) und Fairness im feinsten Sinne.

3. Was hat Fußball bzw. Sport mit Glauben zu tun?

Man sollte da nichts konstruieren, dennoch: Im Glauben hat man Werte und Gesetze, denen man sich gern unterwirft – eine höhere Instanz wird akzeptiert. Wichtig ist natürlich auch der Umgang mit den Nächsten, im Fußball also mit den Konkurrenten. Das eigene Ziel zu verfolgen, z.B. um jeden Preis zu gewinnen, bleibt oberste Priorität, dabei sollte man aber nicht gegen die Regeln verstoßen und Mensch bleiben.

4. Gibt es für Sie ein wichtiges Motto, ein Leitmotiv für Ihre sportliche Arbeit?

Seriosität – seriös und akribisch arbeiten und dabei immer noch Spaß haben.

Fußball vielsprachig

Hier findest du wichtige Fußballbegriffe in verschiedenen Sprachen:

	Englisch	Spanisch	Französisch	Brasil. Portugiesisch	Italienisch

Fußball	football, soccer	fútbol	football	futebol	calcio
Fußballspiel	football match	partido de fútbol	match de football	jogo de futebol	partita di calcio
Mannschaft	team, squad	equipo	équipe	time	squadra
Schuss	shot	tiro	tir	chute	tiro
Tor	goal	gol	but	gol	goal
Foul	foul	falta	faute	falta	fallo
Ecke	corner	córner	corner	escanteio	angolo
Abseits	offside	fuera de juego	hors-jeu	impedimento	fuorigioca
Elfmeter	penalty	penalti	penalty	pénalti	calci di rigore
Schiedsrichter	referee	árbitro	arbitre	juiz	arbitro
Halbzeit	half time	medio tempo	mi-temps	meio-tempo	tempo mezzo
Anhänger	fan	simpatizante	supporter	torcedor	tifoso
Ball	ball	balón	ballon	bola	palla
Trainer	coach	entrenador	entraîneur	técnico	allenatore
Kopfball	header	tiro de cabeza	tête	cabeceio	palla di testa
Zuschauer	spectator	espectador	spectateur	espectador	spettatore

	Japanisch*	Kisuaheli	Arabisch*	Hebräisch*

Fußball	sakkā	mpira	kurat kadam	Kadur regel
Fußballspiel	sakkā shiai	mchezo mpira	Lo'bat kurat al-kadam	Mizchak
Mannschaft	chīmu	timu	fariq	Kwuza
Schuss	shūto	kuingiza bao (Torschuss)	dharabah	Beeita
Tor	gōru tokuten	goli/bao	hadaf	Schaar
Foul	fauru		mukhalafah	Foul
Ecke	kōnā kikku	kona	dharbat zawiyah	Keren
Abseits	ofusaido	nje	tasallul	Nisdal
Elfmeter	penarutī kikku	penalty	dharbat jazaa	Beeita echadesre
Schiedsrichter	referī	referi/filim bi	hakam	Chofed
Halbzeit	hāfu taimu (1) zenhan (2) kōhan	hafu taimu	shaut	Machzit
Anhänger	kantogu	michezo	mushajioun	Ohadim
Ball	bōru	mpira	kurah (kurat)	Kadur
Trainer	kantoku	kocha/mwalimu wa mpira	mudarrib	Meamen
Kopfball	hedingu	mpira wa kichwa	dharbat raas	Negicha
Zuschauer	kankyaku	michezo	mutafarrijoun	Zofim

** Die Sprachen mit anderen Schriftzeichen wurden in lateinische Schrift übertragen. Dabei kann sich die Druckdarstellung der tatsächlichen Schreibweise nur annähern. Der lange Querstrich über den Vokalen im Japanischen heißt, dass sie gedehnt ausgesprochen werden.*

Warm Up

von Kathrin Bischoff

Das Publikum vertreibt sich die Zeit mit Klatschen:

A

- 2 x mit beiden Händen auf den Tisch klatschen – 2 x in die Hände klatschen
- 2 x mit beiden Händen auf den Tisch klatschen – 1 x schnipsen – Pause

B

- 1 x mit dem rechten Fuß auf den Boden stampfen, 1 x mit dem linken Fuß
- 2 x mit beiden Händen auf den Tisch klatschen
- 1 x mit dem rechten Fuß auf den Boden stampfen, 1 x mit dem linken Fuß
- 1 x in die Hände klatschen – Pause

C

(im Sitzen)

- 1 x beide Füße nach vorn auf den Boden tippen
- 1 x beide Füße dicht unter dem Stuhl auf den Boden tippen, dabei in die Hände klatschen
- 1 x beide Füße nach vorn auf den Boden tippen
- 1 x beide Füße dicht unter dem Stuhl auf den Boden tippen und dabei beide Arme nach oben ausstrecken (wiederholen)

Diese drei Versionen können auch miteinander kombiniert werden.

Anstoß-Gebet: Gebet eines Indianers

von Reinhard Bürger

Großer Geist, Manitu,
hilf mir, dass ich niemanden richte,
ehe ich nicht einen halben Mond lang
in seinen Mokassins gegangen bin.

46. – 60. Minute:

Ich verwarne Ihnen! – Ich danke Sie!

Die wohl berühmteste rote Karte

ING! SCHIEB!!
Dreimal habe ich darüber hinweggesehn. Beim vierten Mal war es dann genug! Ich habe vor lauter Wut meinen Gegenspieler weggeschubst! Sofort kam der
STÖHN!!!
PHFFF
Schiri angelaufen und zückte die gelbe Karte! Mit den Worten: „Ich verwarne Ihnen!“. Als ich das hörte, dachte ich: „Was erzählt der denn da?“
ICH VERWARNE IHNEN!
??@!?
ICH DANKE SIE!
Ich antwortete kurz: „Ich danke Sie!“ Daraufhin bekam ich die rote Karte! Ich durfte zwei Wochen lang wegen Schiedsrichterbeleidigung nicht spielen!
HUMPFH
Das war meine Geschichte von der wohl berühmtesten roten Karte!“ Ente gut – alles gut!

Gelbe-Karte-Rote-Karte-Blues

⊙ Nr. 12

Text: Dorothe Schröder – Musik: Reinhard Horn

Strophe

Refrain

D Fm D
Das ist der Gel-be-Kar-te-Ro-te-Kar-te-Blues.
D Fm D
Sei fair, sonst folgt die Stra-fe auf dem Fuß. Der
G7 G7
Gel-be-Kar-te-Ro-te-Kar-te-Blues. Kannst du dir
D Fm D A7
Stress er-spar'n, dann tu's: Komm, halt dich an die
G7
Re-gel, du bist doch nicht so'n Fle-gel, der
A7 G7
nur nach sei-nem Vor-teil schie-len muss. Sonst
D Fm G7 D
folgt der Gel-be-Kar-te-Ro-te-Kar-te-Blues!
Fm G7 A7sus
Gel-be-Kar-te-Ro-te-Kar-te-Blues!

Strophe 2

Im Kinderzimmer kurz nach acht,
da tobt die Turbo-Kissenschlacht.
Ben brüllt: „Nun kommt er, der Komet!"
Nur Pech, dass da genau ein Sparschwein steht!
Sofie heult: „Das war meins, Idiot!"
Doch Ben auf seinem Hochbett droht:
„Warte ab, das büßt du mir!"
Auf einmal steht Mama in der Zimmertür.

Refrain

Strophe 3

Ihr Kleinen und Ihr Großen dieser Welt,
zeigt ROT, wenn euch was nicht gefällt!
Sagt NEIN, wenn ihr Gewalt entdeckt
und Hass und Unrecht statt Respekt.
Denn zusammen erst klappt das Spiel,
mit Mut und Herz gelingt uns viel.
Schaut hin, denn wer die Regeln verletzt,
der wird ganz schnell vor die Tür gesetzt!

Refrain

Kleiner Scherz

Was ist der Unterschied zwischen einem Fußgänger und einem Fußballspieler?

Der Fußgänger geht bei Grün und der Fußballspieler bei Rot.

Ahnungs-Los und Weiß-Bescheid

Schwarze Männer mit und ohne Pfeife

Auch der Schiedsrichter wurde in England „erfunden“. Er hatte immer schon einen schweren Job. Weil er es nie allen recht machen kann: Entweder ärgert sich ein Spieler der Heimmannschaft oder einer der Gäste über seine Entscheidungen.

Warum gibt es eigentlich Schiedsrichter?

Die Fußballer wollten sich bewusst von den groben Kampfspielen in den englischen Internaten absetzen. Dort war es zum Beispiel erlaubt, dem Gegner gezielt in die Beine zu treten. Die neue Football Association verbot dieses „Hacking“. Und weitere Regeln sollten den „sanften“ Fußball vom „harten“ Rugby abgrenzen, damit auch wirklich „Fairplay“ auf dem Rasen stattfand. Allerdings gab es auch damals schon „nicht gentlemanlikes“ Verhalten. Deshalb wurde elf Jahre nach Gründung des englischen Fußballverbandes, im Jahr 1874, ein Schiedsrichter eingeführt. 1878 erhielt er eine Pfeife, damit er sich bemerkbar machen konnte, und schon ein Jahr später durfte er einen Spieler vom Feld stellen.

Da hat er dann die rote Karte gezückt. Und wann macht er das?

Wenn der Spieler seinen Gegner absichtlich getreten hat oder angreift („Tätlichkeit“), ihn anspuckt oder beleidigt („Unsportlichkeit“) oder ein Tor durch absichtliches Handspiel oder ein Foul verhindert hat („Notbremse“).

Gelbe Karte – Verwarnung

Tor – Anstoß vom Mittelkreis

Indirekter Freistoß

Als Verwarnung kann der Schiri gelbe Karten zeigen: z. B. bei wiederholtem Foulspiel, oder wenn versucht wird, einen Elfmeter zu schinden („Schwalbe"), aber auch bei absichtlicher Verzögerung des Spiels oder Meckern. Wer schon eine gelbe Karte während des Spiels bekommen hat, wird mit „gelb-rot" bestraft, wenn er noch einmal für ein gelbwürdiges Vergehen verwarnt werden müsste.

Warum macht der Schiedsrichter manchmal so komische Armbewegungen?

Wenn er gepfiffen hat, zeigt er mit den Armen an, welche Strafe er gegen die Mannschaft verhängt, deren Spieler einen Regelverstoß begangen hat.

Beim Handball pfeifen zwei Schiedsrichter. Wie viele sind es beim Fußball?

Drei. Denn der eigentliche Schiedsrichter wird von zwei Kollegen (das sind auch Schiedsrichter) unterstützt, die für jeweils eine Hälfte des Spielfeldes zuständig sind: die Linienrichter oder Assistenten. Sie haben keine Pfeife. Stattdessen geben sie ihre Zeichen mit Fahnen. Wie schon der Name sagt, achten die beiden Assistenten des Schiedsrichters darauf, ob ein Spieler oder der Ball bestimmte Linien überschritten hat, z. B. bei Abseits oder Toraus.

Die Schiedsrichter können über die Hilfe der Assistenten froh sein, weil sie während des Spiels ziemlich viel rennen müssen: Sie sollen nämlich möglichst immer auf Höhe des Balls sein. Deshalb gibt es für Schiedsrichter inzwischen eine Altersbeschränkung auf 46 Jahre.

Fairplay ist, wenn …

- Fairplay ist … wenn man im Gegenspieler den Partner sieht
- Fairplay ist … wenn man aus dem Geist der Regeln handelt
- Fairplay ist … wenn der Sieg nicht alles bedeutet
- Fairplay ist … wenn man einem schwächeren Sportler hilft
- Fairplay ist … wenn man sich keinen Vorteil erschleicht, auch wenn es keiner merkt
- Fairplay ist … vom anderen her denken
- Fairplay ist … wenn man nicht Gleiches mit Gleichem vergilt
- Fairplay ist … wenn sich einer auf den anderen verlassen kann
- Fairplay ist … wenn die Unversehrtheit des anderen wichtiger ist als der eigene Sieg
- Fairplay ist … wenn alle im Sportler den Menschen sehen
- Fairplay ist … wenn die Zuschauer die Leistung der anderen Mannschaft anerkennen
- Fairplay ist … wenn man die Würde des Gegners vor den Erfolg stellt
- Fairplay ist … wenn wir uns gegenseitig vertrauen dürfen

Dr. Markus Merk

Zahnarzt, seit 1992 FIFA-Schiedsrichter; 2004 Weltschiedsrichter des Jahres.

„Glaube spielt in meinem Leben eine ganz große Rolle. Das ist für mich die Basis des Lebens, die Basis meines Handelns und die fundamentale Quelle, die mir Kraft und Energie gibt, viele Dinge machen zu können.

Glaube war bei uns zu Hause etwas, was zum täglichen Leben gehörte. Das fing beim Essen daheim oder bei Oma und Opa an. Es wurde gebetet, und keiner hat jemals die Frage gestellt, sollen wir heute beten oder nicht. [...] Es war auch keine Frage, gehen wir am Samstag in die Kirche zur Vorabendmesse oder nicht. [...]

Die Bibel ist ein tolles Buch. Und dort habe ich schnell meine Lieblingsstelle, das Gleichnis vom Sämann, gefunden, mit dem ich mich identifizieren konnte. Der Sämann nimmt seine Saat, will sie ausbringen, etwas anpflanzen, er hat ein Ziel, will Erfolg haben. So bestellt er alle Böden, steinigen, sandigen Boden, auf dem dann Dornen drüber wachsen, als die Saat aufgeht. Mit einem Wort, er ist erfolglos, aber er gibt nie auf. Er sät so lange, bis er fruchtbaren Boden findet, bis alles passt und seine Saat sich vermehrt. Zehnfach, hundertfach, millionenfach. Er gibt nie auf und sagt, daran glaube ich, dafür kämpfe ich. [...]

Ich bin ein großer Vertreter des Fairplay. [...] Mich treibt an, den Gedanken des Fairplay auszusäen, den einen oder anderen zu erwischen, und der gibt diesen Gedanken an andere weiter. Man darf sich den Wirren der Umgebung, wie es der Sämann auch gemacht hat, nicht hingeben, sondern sagen, ich mache weiter, man muss zuversichtlich sein und sagen, meine Saat wird auf den richtigen Boden treffen und aufgehen.

Deshalb fasziniert mich diese Geschichte so. Sie hat mir in meinem Leben immer Kraft gegeben, wenn ich irgendwo mit meiner Art, mit meinem Willen, mit meinen Vorhaben und Zielen auf einen steinigen Boden gestoßen bin, dann muss man erkennen, dass nicht die Idee, vielleicht aber der Weg oder die Art nicht gepasst hat. Das heißt aber nicht aufzugeben, auch der Sämann hat weitergemacht."

Quelle: BeWEGEnd – Merk & More, ISBN 3-936261-38-5
erschienen 2005 im Bombus-Verlag, München

Schiri-Song

Nr. 13

Text: Eckart Bücken – Musik: Reinhard Horn

Strophe

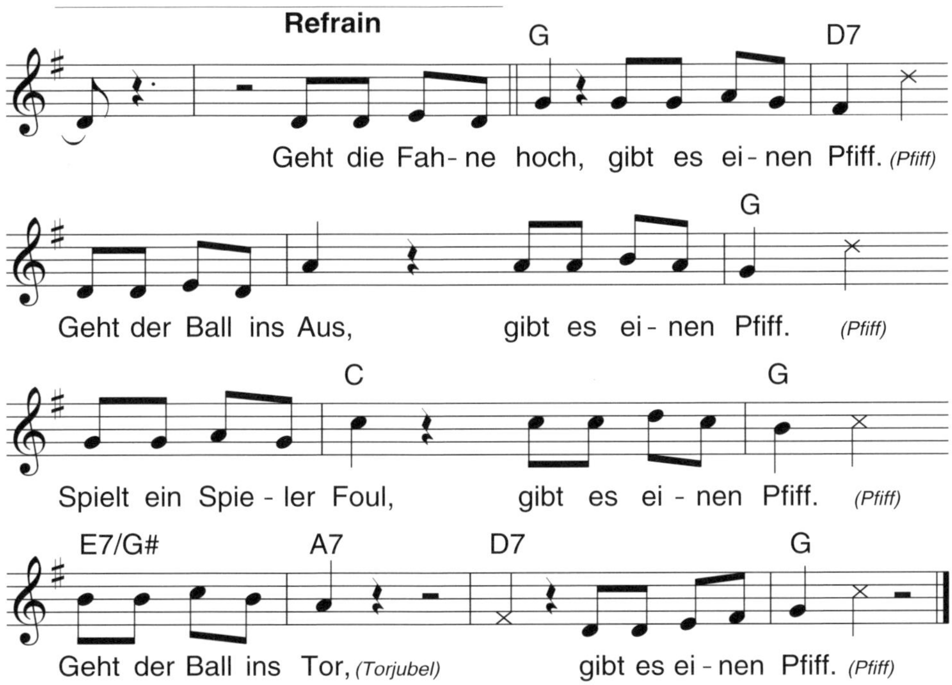

Strophe 3

Er ist stets in der Nähe, betrachtet, was geschieht,
immer ist er bei den Spielern, weil er dann mehr sieht.
Mit Pfiffen zeigt er, hier geht's lang, er winkt auch mit der Hand,
und fällt ein Spieler, dann zeigt er auf den Rand.

Refrain

Strophe 4

In den allermeisten Fällen pfeift er richtig gut.
Doch pfeift er mal daneben, tobt alles voller Wut.
Dann wackelt selbst das Stadion, es merkt ein jeder Mann,
dass so ein Pfiff das Spiel entscheiden kann.

Refrain

Schiri – noch 'n Gedicht

von Eckart Bücken

Da kann sich mancher noch so beklagen,
nur einer hat auf dem Platz das Sagen.
Mit Pfiffen und Zeichen lenkt er das Spiel,
die Regeln zu achten, nur das ist sein Ziel.

Sie drängeln, stoßen, kämpfen verbissen,
ein Tor, das muss her, sie wolln es wissen,
ein Tritt in die Beine, das stoppt den Lauf;
die Regeln zu achten, der Schiri passt auf.

Die Tricks erkennen, richtig entscheiden
und Fehler nach Möglichkeit vermeiden,
das Spiel klug zu leiten, dann bleibt es fair,
die Regeln zu achten, er will gar nicht mehr.

Elfmeter-Kanon(e)

⊙ Nr. 14

Text und Musik: Rita Mölders

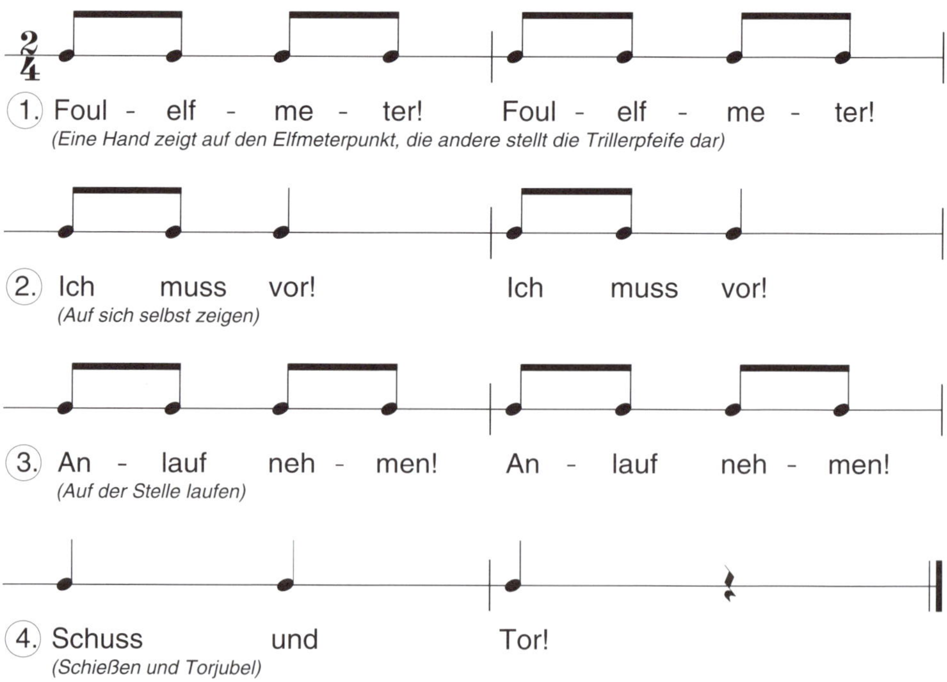

Um die Ecke gedacht

Foul! Rote Karte!

Kennt ihr das – um die Ecke denken? Das gibt's manchmal bei Kreuzworträtseln oder beim Teekesselspiel!

Also, probieren wir es mal so:

Rote Karten – Gelbe Karten. Das kennt ihr, wenn man sich im Fußball nicht an die Spielregeln hält, bekommt man vom Schiedsrichter eine gelbe oder eine rote Karte gezeigt.

Gelb heißt: Ich verwarne dich!

Und Rot heißt: Du darfst nicht mehr mitspielen!

Also, wenn man zum Beispiel den Ball mit der Hand spielt oder jemanden foult oder sich ganz unsportlich verhält, dann gibt es eben die gelbe oder die rote Karte. Das finden die Spieler zwar nicht immer richtig und toll, aber der Schiedsrichter hat halt das letzte Wort und entscheidet!

Und jetzt denken wir mal um die Ecke:

Foulspielen gibt es auch außerhalb des Fußballspiels: zum Beispiel in der Klasse, wenn man sich unfair verhält und jemanden verletzt. Oder in der Familie kann es auch mal unfair zugehen.

Und in der Welt auch: Da gibt es auch Unfaires – dass zum Beispiel viele Kinder nichts zu essen haben und verhungern, dass ganz viele Menschen arm sind und wenige sehr, sehr reich.

Also: Fair geht vor! Und wie?

Da gibt es zum Beispiel die Welt-Läden. Da kann man fair hergestellte Sachen kaufen – zum Beispiel Kaffee oder Tee oder Schokolade.

Fair hergestellt, das heißt: Die Menschen, die die Sachen ernten oder herstellen, bekommen einen fairen Preis dafür. So können sie von ihrer Arbeit leben und ihre Familie ernähren.

Und wer unfair ist, der bekommt eben die gelbe oder die rote Karte – beim Fußball, in der Schule und in der Welt!

Anstoß-Gebet: Rote Karte!

von Reinhard Bürger

Jedes Spiel hat Spielregeln,
auch im Leben
muss vieles abgesprochen werden,
damit es gut klappt
und damit jeder zum Zug kommt.
Wer die Regeln verletzt,
wird ermahnt oder muss vom Platz.
Das ist unangenehm,
und die Mitspieler werden sauer.
Auch du, Gott, hast den Menschen Regeln gegeben.
Du willst ja, dass das Leben gut gelingt.
Manchmal finde ich deine Gebote lästig,
aber ich weiß doch,
dass sie für uns gut sind:
okay, Gott!

61. – 75. Minute:

Ihr fünf spielt vier gegen drei

Ahnungs-Los und Weiß-Bescheid

Die Taktik wechselt wie das Wetter

Taktik ist Gesprächsstoff an jedem Stammtisch, und in allen Ländern sind Fußballbegeisterte immer die besseren Trainer.

Warum muss der Trainer eigentlich so lange nachdenken, bevor er die Mannschaftsaufstellung bekannt gibt?

Fußball ist ein Mannschaftsspiel. Deshalb reicht es nicht aus, wenn ein Verein Einzelkönner mit viel Kondition und ausgefeilter Technik hat – sie müssen auch gut zusammen spielen können. Deshalb überlegt sich der Trainer die richtige Taktik für seine Mannschaft. Die kann sich von Spiel zu Spiel ändern: weil das Wetter wechselt, zwei wichtige Spieler verletzt sind, der nächste Gegner anders spielt ...

Wenn z. B. gegen einen sehr starken Gegener gespielt wird, dann stellt sich die Mannschaft eher defensiv ein, wird also ihre Verteidigung verstärken und möglichst auf überraschende Gegenangriffe setzen. Für solche „Konter" braucht sie dann schnelle Außenverteidiger.

Bei unseren ersten Fußballweltmeistern 1954 gab es auch „Läufer". Was soll denn das sein?

Damals gab es noch die „klassische Aufstellung" mit zwei Verteidigern, drei Läufern und fünf Stürmern. Das würde heute kein Trainer mehr machen. Drei Mittelfeldspieler (so heißen Läufer heute) kann es zwar noch geben, Stürmer werden aber meistens nur zwei, selten drei eingesetzt. Insgesamt sind die Fußballer heute sehr viel beweglicher: Auch ein offensiver Spieler hilft in der Abwehr, ein Verteidiger sollte ordentliche Flanken schlagen können.

Was bedeuten die komischen Zahlen, wenn die Mannschaftsaufstellung bekannt gegeben wird?

Eine Zeit lang wurde, vor allem von Brasilien, das 4-2-4-System (4 Verteidiger, 2 Mittelfeldspieler, 4 Stürmer) erfolgreich gespielt, es ist sehr angriffsorientiert. England dagegen gewann 1966 mit einem stark defensiven 4-4-2-System, in dem auch die Mittelfeldspieler eher Abwehraufgaben übernahmen.

Heute gibt es ganz unterschiedliche taktische Aufstellungen, das System der Engländer wird weiter praktiziert, andere spielen auch in 5-3-2-Aufstellung.

Spitzenmannschaften müssen möglichst verschiedene Spielarten beherrschen und sogar während des Spiels ihre taktische Ausrichtung ändern können, damit sie schwerer vom Gegener auszurechnen sind.

Fingerfußballspiel

Für dieses Spiel braucht ihr nur einen Tisch, drei Fünf-Cent-Münzen und zwei Kinder, die gegeneinander antreten wollen. Eventuell vier zusätzliche Münzen als Torpfosten.

Die beiden Kinder stellen sich jeweils an die schmalen Kanten des Tischs; sie können sich auch auf Stühle setzen.

Die Torpfosten werden an der Tischkante mit zwei weiteren Münzen markiert. Eine andere Möglichkeit: Das Tor wird durch die beiden Daumen begrenzt, die einer der Spieler auf die Tischkante legt. Die darunter verschränkten Finger können dann eine „Auffangvorrichtung“ für die Münze bilden, mit der ins Tor getroffen wird.

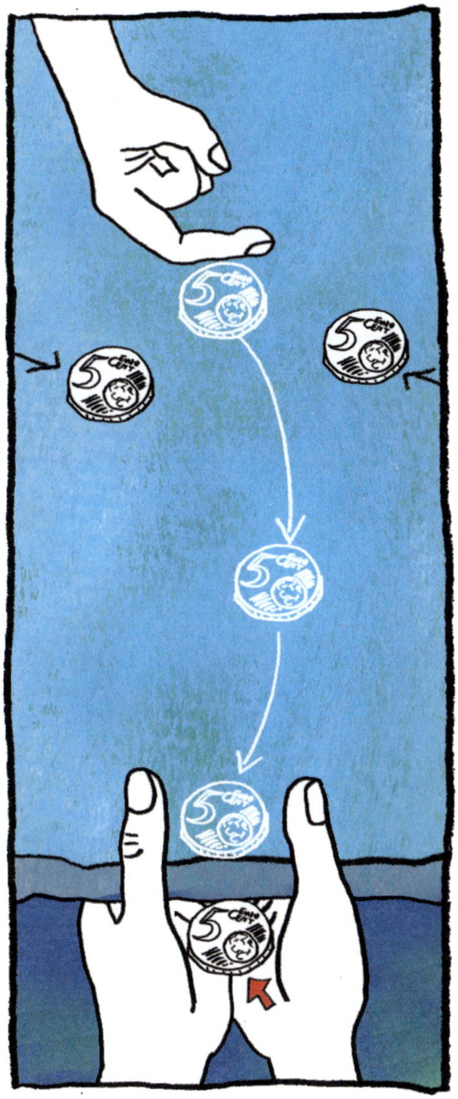

Durch Los entscheidet sich, wer beginnt. Das gewählte Kind wirft seine drei Münzen über dem Tisch (nicht zu) hoch. So, wie sie liegen bleiben, muss es versuchen, einen der Cents immer durch die Mitte zwischen den beiden anderen mit dem gekrümmten Zeigefinger zu schieben, immer in Richtung gegnerisches Tor, also nicht rückwärts. Schafft es das nicht, werden die Seiten gewechselt, und das andere Kind erhält seine Chance.

Gewonnen hat, wer zuerst ein Tor schießt. Oder es wird eine Zeit oder eine bestimmte Anzahl von Toren vereinbart.

Mit diesen einfachen Grundregeln kann ohne viel Aufwand ein ganzes Turnier mit mehreren Mannschaften organisiert werden. Falls eine Spielzeit vereinbart wird, kann es auch Unentschieden geben. Im Finale sollte bei Unentschieden ein „Elfmeterschießen“ über den Gewinner entscheiden: Die Cent-Münze muss dann aus ca. 40 cm Entfernung ins Tor geschoben werden.

Auf zum Training mit Dr. Elmar Wienecke

… Taktik!

Hallo, hier ist eine Übung, durch die ihr eurer taktisches Verhalten verbessern könnt. Denn in Sport und Spiel ist es gut, wenn man sich geschickt und strategisch verhält.

Übung

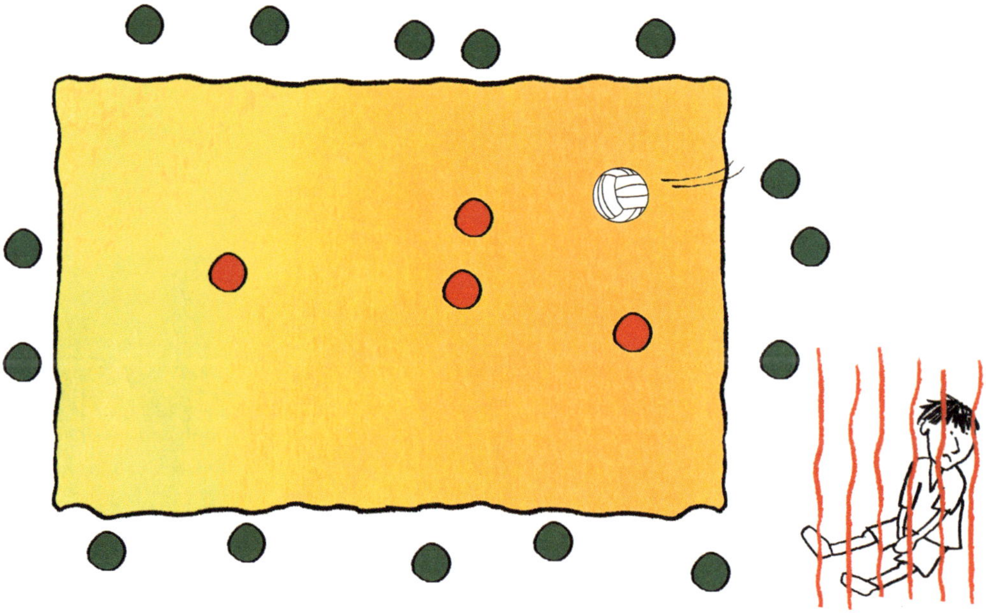

Wir brauchen ein großes Spielfeld, ca. 15 x 20 Meter, und einen Softball.

Mannschaft A besteht aus ca. 15 Spielern, Mannschaft B aus 3 – 4 Spielern. Mannschaft A verteilt sich außen an den Spielfeldrändern, Mannschaft B steht im Spielfeld. Die Aufgabe von Mannschaft A ist es nun, Spieler aus Mannschaft B abzuwerfen. Wenn jemand getroffen ist, werden die Plätze gewechselt (ins Feld – aus dem Feld), Spieler der Mannschaft B dürfen aber den Ball fangen.

In diesem Fall muss der Werfer „ins Gefängnis". Er kann erst aus dem Gefängnis (Spielfeldrand) heraus, wenn ein Spieler von B abgeworfen worden ist.

Varianten:

- mit 2 Bällen und 8 Spielern im Spielfeld
- mit 3 Bällen und 12 Spielern im Spiefeld

Danke, das war's!

Um die Ecke gedacht

Austricksen

Kennt ihr das – um die Ecke denken?

Das gibt's manchmal bei Kreuzworträtseln oder beim Teekesselspiel.

Also, probieren wir es mal so:

Austricksen!

Das ist gut, wenn man es im Fußball kann! Vor allem als Stürmer! Haken schlagen, Übersteiger, seinen Gegenspieler schwindelig spielen, eben: richtig austricksen!

Super!

Und jetzt denken wir mal um die Ecke:

Also, Austricksen im Fußballspiel ist klasse! Okay!

Und wie ist das so bei Freunden und Freundinnen?

Wenn man seinen Freund austrickst, ist das nicht fair!

Müsste eigentlich ne gelbe oder rote Karte geben!

Wenn man nicht ehrlich und fair miteinander umgeht, gibt es Ärger und Streit.

Und das ist nicht nur so bei Kindern oder Eltern – sondern auch in der Welt: Wenn da ein Land ein anderes austrickst – zum Beispiel, wenn man keinen fairen Preis für irgendwelche Waren bezahlt, also den anderen austrickst, müsste es eigentlich auch ne gelbe oder rote Karte geben.

Also, wir kaufen ne Schokolade – im Geschäft. Und die kostet – sagen wir mal – 1 Euro. Und die Campesinos – so heißen die Landarbeiter in Brasilien –, die auf den Kakaoplantagen die Kakaobohnen gepflückt haben, die bekommen nur ganz wenig Geld von dem Euro – sagen wir mal 5 Cent – den Rest stecken sich die anderen ein.

Das ist ziemlich ausgetrickst! Gar nicht super! Also, fair geht vor!

Anstoß-Gebet: Fair geht vor

von Reinhard Bürger

Wer fair ist,
mit dem spielt man gerne.
Wer andere austrickst und unfair ist,
wird zum Spielverderber.
Er schadet sich damit auch selbst.
Manchmal reizt es ja,
andere übers Ohr zu hauen und ungerecht zu sein.
Aber du, Gott, erinnerst mich daran,
dass es besser ist, fair zu bleiben.
Dann macht das Spiel auch allen Spaß.
Gut, dass du ein so toller Mitspieler bist.

76. – 90. Minute:

Der 12. Mann

im Stadion

Mein Fan-Pass!

Mein Nachname:

Mein Vorname:

Mein Geburtsdatum:

Meine Straße:

Mein Wohnort:

Meine Schule:

Mein(e) Klassenlehrer(in):

Mein Lieblingssport:

Mein Lieblingsfußballspieler:

Meine Lieblingsfußballspielerin:

Mein Lieblingsverein:

Ich schieße mit dem Fuß.

Ich spiele im Fußballverein am liebsten:

Mein bester Trick:

Meine höchste Niederlage:

Mein höchster Sieg:

Ich war schon mal in folgenden Fußballstadien:

Ich spiele bei:

Ahnungs-Los und Weiß-Bescheid

Was ein richtiger Fan ist

Wer ein richtiger Fan ist, der lebt für seine Mannschaft. Egal, ob sie gerade abgestiegen ist oder letzte Woche ein grottenschlechtes Spiel abgeliefert hat. Und ein echter Fan geht auch nicht ins Stadion, um Krawall zu machen. Er will mit anderen gemeinsam im Fanblock guten Fußball, ein dramatisches Spiel – und natürlich möglichst einen Sieg für seine Farben erleben.

Muss ein echter Fan immer in der Kurve stehen?

In den großen Stadien stehen die leidenschaftlichen Anhänger der Heimmannschaft immer im selben Block. Manche Zuschauer regen sich während des Spiels so auf, dass sie Streit mit den Anhängern der gegnerischen Mannschaft anfangen. Deshalb werden die Fans der Gäste möglichst weit entfernt in einem anderen Block untergebracht. Es gibt auch „Edelfans". Die haben nicht nur teurere Sitzplätze, sondern oft sogar einen großen, verglasten Raum, wo in der Pause Essen serviert wird. Berühmte Fans sind z. B. der frühere Tennisspieler Boris Becker (Bayern München) oder der Popsänger Rod Stewart (vom schottischen Rekordmeister Celtic Glasgow).

Warum regen sich die Fans manchmal so über ihre Mannschaft auf?

Die treuen Anhänger einer Fußballmannschaft können viel aushalten. Wenn sie aber das Gefühl haben, dass die Spieler sich keine Mühe geben, dann werden sie richtig sauer. Schließlich bezahlen sie viel Eintritt und unterstützen mit ihren Anfeuerungsrufen und Gesängen ihre Leute. Da wollen sie von den außerordentlich gut bezahlten Profis auch Leistungen und Engagement sehen.

Im Fernsehen hat der Reporter letzte Woche gesagt: Die Zuschauer machen wieder die Welle. Was soll das heißen?

Bei der Weltmeisterschaft in Mexiko 1970 haben zum ersten Mal begeisterte Fans „La Ola" gezeigt. Dabei steht immer nacheinander ein Teil der Zuschauer auf. Wenn das durchs Stadionrund geht, sieht es aus wie eine Wellenbewegung.

Haben die Fans immer schon Schals und Mützen getragen?

Die Vereinsfarben haben schon immer eine Rolle gespielt. Heute kannst du ja im „Fanshop" alles Mögliche kaufen, vom Trikot bis zur Bettwäsche, und alles in den Vereinsfarben. Früher mussten sich die Fußballbegeisterten mit kleinen Bildchen begnügen. Heute sind die Fanartikel ein Millionengeschäft und ein wichtiger Posten im Haushalt großer Fußballvereine.

Hier kommt die Welle

⊙ Nr. 15

Text: Eckart Bücken – Musik: trad. aus Chile

Bewegungs-Spielidee:

Ihr singt abwechselnd in zwei Gruppen:

A: „Hier kommt die Welle"– **B:** „macht alle mit"

A: „Hier kommt die Welle"– **B:** „beim nächsten Schritt"

A: „Hier kommt die Welle"– **B:** „macht alle mit"

Dann singt ihr gemeinsam:

A + B: „Hier kommt die Welle, hier kommt die Welle, macht alle mit"

Dabei streckt ihr die Arme aus und beginnt, die Arme zu schütte
Am Ende des Lieds kann man die „La Ola-Welle"starten!

Klatschrhythmen

⊙ Nr. 16

Klatscht die drei Rhythmen erst allein. Vielleicht könnt ihr ja die Rhythmen auch auf Instrumenten spielen.
Wenn ihr die Klatschrhythmen gut könnt, dann versucht, sie auch im Kanon zu klatschen, das kann so gehen:
Ihr bildet drei Gruppen, jede Gruppe bekommt einen Rhythmus.
Zuerst spielt jede Gruppe ihren Rhythmus allein.
Dann beginnt die erste Gruppe, die zweite spielt dazu und dann die dritte.

Variante 1:

Ihr bildet drei Gruppen, und jede Gruppe spielt alle drei Rhythmen nacheinander, und ihr fangt an wie bei einem Kanon.

Variante 2:

Vielleicht habt ihr Lust, einen Text für jeden Rhythmus zu finden und dazu zu sprechen. Beispiel für einen der Rhythmen: Wir sind supergut! Jeder macht mit, fangt an! – Welcher Rhythmus ist das wohl?

Um die Ecke gedacht

Ein richtiger Fan

Kennt ihr das – um die Ecke denken?

Das gibt's manchmal bei Kreuzworträtseln oder beim Teekesselspiel.

Also, probieren wir es mal so:

Ein richtiger Fan – den kann man gut erkennen:

- an dem Fanschal
- an der Fankappe
- an der Fahne

Ein Fan, das ist einer, der fest zu seiner Mannschaft hält. Er feuert seine Mannschaft an, übt Fangesänge ein, feiert mit, wenn die Mannschaft gewonnen hat und hält zum Team, wenn das mal verloren hat, eben: in guten und in schlechten Zeiten!

Und jetzt denken wir mal um die Ecke:

So, das Wort Fan hat ja was zu tun mit fanatisch. Und das heißt so viel wie begeistert.

Ein Fan ist also einer, der total begeistert ist.

Und so könnten wir auch Fans sein – nicht nur von Fußballmannschaften, sondern auch zum Beispiel von Musikgruppen und Bands oder von Tieren, die vor dem Aussterben stehen, oder von unserer Erde.

Die ist ja eigentlich toll.

Aber im Moment hat die Erde große Probleme, weil es zu warm werden wird wegen der Abgase und der Klimaerwärmung.

Und da wäre es doch toll, wenn wir Fans unserer Erde würden, so mit Fanschal und Fankappe.

Da könnte dann draufstehen: PRIMA KLIMA FÜR UNSERE ERDE. Und wir könnten dann Fangesänge einüben und mit der Erde feiern und zu ihr halten und etwas für sie tun.

Eben: in guten und in schlechten Zeiten.

Verlängerung:
11 **Freunde** sollt ihr sein

Auf zum Training mit Dr. Elmar Wienecke

... Teamgeist

Hallo, hier sind ein paar Übungen, durch die ihr euren Teamgeist stärken könnt.

Ihr wisst, zusammen gelingt vieles besser! Also, dann viel Spaß dabei!

Übung 1: Schulhof-Fußball

Wir brauchen ein großes Spielfeld mit zwei kleinen Toren und einer Mittellinie – vielleicht mit Kreide aufgemalt.

Es gelten die Fußballregeln bis auf eine Zusatzregel: Tore können nur dann erzielt werden, wenn alle Spieler einer Mannschaft über der Mittellinie sind!

Übung 2: Tauziehen

Ihr braucht ein starkes Tau. Lasst euch von eurem Lehrer oder eurer Lehrerin in zwei gleich starke Gruppen einteilen, oder vielleicht regelt ihr das auch selber. Wichtig ist, dass ihr diese Übung auf einem Rasen macht oder in der Turnhalle.

Dann ziehen beide Gruppen einmal gleichzeitig an dem Seil, so dass es möglichst straff gespannt ist. Welche Gruppe ist stärker?

Anschließend ziehen alle Kinder eine Karte. Wer die Pausenkarte zieht, darf beim nächsten Mal nur so tun, als ob er sich richtig anstrengt.

Schaut mal, was jetzt passiert, und wertet das Spiel aus: Was macht ein Team stark?

Danke, das war's.

Alle gemeinsam

Die drei Aufgaben können je nach Bedarf einzeln oder als kleiner Wettbewerb zum Einsatz kommen.

1. Fußballfeld

Vorbereitung: Der Plan eines Fußball-Feldes wird auf verschiedenfarbige Kartons (DIN-A4) in der Anzahl der Teams gedruckt. Je nach Anzahl der Mitglieder eines Teams werden die Kartons in unterschiedlich große Puzzle-Stücke zerschnitten (4 Spieler = 8 Teile; 5 = 10; 6 = 12 ...). Für jedes Teammitglied gibt es also zwei Teile. Sie werden in einen Umschlag gesteckt, der zugeklebt wird.

Aufgabe: Die Teams stellen sich jeweils um einen Tisch. Wenn jeder Spieler seinen Umschlag erhalten hat, wird angepfiffen. Gewonnen hat die Gruppe, deren Fußballfeld exakt zusammengesetzt auf dem Tisch liegt.

2. Piktogramm (Bildzeichnen)

Vorbereitung: Bereitlegen von Papier und Stiften.

Aufgabe: Im Zeitraum von 10 Minuten soll sich ein Team auf ein möglichst originelles Piktogramm zum Thema Fußball einigen und es aufzeichnen.

Alle Teams gemeinsam stimmen dann ab, welches die beste Idee und Zeichnung ist.

3. Schiri-Klamotten

Vorbereitung: Für jedes Team werden Polohemd, Hose und Pfeife bereitgehalten. Jede Gruppe besteht aus einer geraden Zahl von Kindern, die sich hintereinander aufstellen.

Aufgabe: Nach dem Anpfiff durch die Spielleitung zieht das erste Kind jeder Gruppe die Schiedsrichterkleidung an, läuft nach hinten, zieht sie wieder aus, pfeift kurz und gibt alles nach vorne zum nächsten Spieler seines Teams. Und so geht es weiter, bis das letzte Kind dran war.

Wir sind ein Team! ⊙ Nr. 17

Text: Dorothe Schröder – Musik: Reinhard Horn

Wenn ihr die fett gedruckten Buchstaben nacheinander aufschreibt, kommt Ihr auf den Lösungssatz.

Spielidee: Die fett gedruckten Buchstaben auf große Kartons schreiben und nacheinander beim Singen an den entsprechenden Stellen hochhalten!

(K)eine Mädchensache!?

von Dorothe Schröder

„Hier rüber!", brüllte Saskia. Julia schaute sich blitzschnell um – Cansu rückte ihr immer mehr auf die Pelle. Mit Wucht flankte sie den Ball nach rechts zu Saskia. Zwischen den beiden Jacken, die am Rand der Wiese das Tor markierten, stand breitbeinig Marie. Hoffentlich klappt's diesmal, dachte sie. Doch mit dem Kraftschuss hatte sie nicht gerechnet – keine Chance. „Tooor!", jubelte Julia und rannte zu Saskia, um ihr zu gratulieren. Auch Diana im anderen Tor jubelte. Marie war sauer. „Mensch, passt doch auf!", schimpfte sie. Lisa und Cansu ließen die Köpfe hängen. Das war schon das 2. Tor für die anderen!

„Guck mal, nun kriegen sich die Hennen auch noch in die Haare!", hörten sie da vom Wiesenrand. Auf dem Zaun hockten Niko und Viktor und lachten laut. „Die schon wieder!", murmelte Cansu, „große Klappe, nix dahinter!" Aber die beiden Jungen waren noch nicht fertig: „Fußball und Mädchen – zwei Welten begegnen sich!"

„Los, wir spielen weiter", sagte Diana, „lasst die doch quatschen!" Und Marie rief: „Unsere Frauen sind Weltmeister, nicht die Männer!" Für einen Moment hatten sie Ruhe. Aber so richtig Spaß machte es nicht mehr, weil dauernd blöde Sprüche vom Spielfeldrand kamen. Schließlich winkte Vivien den anderen zu, und gemeinsam gingen sie zum Zaun. „Wenn ihr so schlau seid, können wir ja mal testen, wer die Besten sind! Wir treffen uns morgen hier, mit 6 Jungen und mit 6 Mädchen", schlug sie Viktor und Niko vor. „Ist schon klar, wie das ausgeht!", grinste Viktor, „aber okay, wir sind ja keine Spielverderber. Also, bis morgen um vier!"

Am nächsten Tag startete das große Spiel. Beide Mannschaften hatten die besten Spieler aufgestellt und ihre Fans mitgebracht. Julia und Cansu saßen mit am Rand. „Hoffentlich spielen die fair", meinte Cansu. „Ach, das ist doch Ehrensache!", beruhigte sie Julia. Dann ging´s los.

Schon nach fünf Minuten schoss Lisa das erste Tor, zwei Minuten später schaffte Saskia das 2:0. Pit im Tor der Jungenmannschaft war sauer. „Mann, ihr pennt ja da vorn!", brüllte er Jens und Martin an. Aber so sehr die sich auch anstrengten – die Mädchen waren einfach besser. Zwar schaffte Bilel nach 20 Minuten den Anschlusstreffer, aber in der 2. Halbzeit schossen Saskia und Lisa noch zwei Tore.

„Tja, die Mädels waren einfach das bessere Team", musste Viktor zugeben, als sie sich hinterher am Spielfeldrand erholten, „die trainieren einfach mehr zusammen!" „So schlecht wart ihr auch nicht!", tröstete Diana und ließ sich mit ihrer Sporttasche neben ihn plumpsen.

„Wir können ja morgen das Rückspiel starten!" – „Oder wir mischen sofort unsere beiden Mannschaften, damit wir auch eine Chance haben", grinste Niko. „Und dann treten wir gegen die Mix-Mannschaft der Flughafenstraße an!"

Vier Fragen an Steffi Jones

Deutsche Fußballspielerin beim FFC Frankfurt, seit 1993 Nationalspielerin, Weltmeisterin 2003.

1. Was können Kinder beim Fußballspielen für ihr Leben lernen?

- Teamgeist und Selbstvertrauen
- Mit verschiedenen sozialen Schichten umgehen lernen
- Motivation und Ehrgeiz entwickeln, um an ein bestimmtes Ziel zu kommen.

Dinge, die eine Entwicklung im Berufsleben und persönlich prägen!

2. Erzählen Sie uns eine Fairplay-Geschichte aus Ihrem Fußballerinnenleben.

Als ich mir mein Kreuzband bei der WM 2003 im Vorrundenspiel gerissen habe, wurde ich von einer amerikanischen Nationalspielerin noch auf dem Weg ins Krankenhaus angerufen, und über Mia Hamm wurde mir gute Besserung gewünscht. Hat nicht unbedingt was mit Fairplay zu tun, fand ich aber eine tolle Geste.

3. Was hat Fußball bzw. Sport mit Glauben zu tun?

Für jeden Menschen hat Glaube eine unterschiedliche Bedeutung. Jeder definiert das nach seiner eigenen Vorstellung. Aber letztendlich ist der Glaube, an was auch immer, sehr wichtig.

4. Gibt es für Sie ein wichtiges Motto, ein Leitmotiv für Ihre sportliche Arbeit?

Positiv denken und nicht aufgeben!

Das Lied vom Ersatzspieler

⊙ Nr. 18

Text: Eckart Bücken – Musik: Reinhard Horn

Strophe 2

Ersatzspieler sein ist niemals fein,
du fühlst dich so richtig daneben.
Wann wird gewechselt und du kommst rein?
Wann wird dir die Chance gegeben?

Refrain

Strophe 3

Du bist drin, das stellst du dir vor,
und könntest die Mannschaft erlösen.
Dann kommt die Flanke, du machst das Tor,
es sind doch nur Träume gewesen.

Refrain

Ahnungs-Los und Weiß-Bescheid

Über Männer, die keine Frauen in kurzen Hosen wollten, und Frauen, die in *Mann*-schaften spielen

Stimmt es, dass die deutsche Frauen-Nationalmannschaft in letzter Zeit viel erfolgreicher als die Männermannschaft ist?

Tatsächlich sind unsere Frauen inzwischen Weltspitze: dreimal Europameisterinnen, mit dem 1. FFC Frankfurt 2002 UEFA-Cup-Gewinnerinnen und 2003 das erste Mal Weltmeisterinnen!

Wie lange gibt es eigentlich schon Frauen im Fußball?

Viel länger als die meisten denken: Wieder in England, und zwar 1894 in London, wurden die „British Ladies" gegründet. Beim ersten Match (englisch für Spiel) zweier Frauenteams ein Jahr später schauten über 10.000 Menschen zu.

Aber die Männer wollten keine Frauen auf dem Fußballplatz haben: Wenn überhaupt, dann sollten sie Tennis in langen Röcken spielen und nicht in kurzen Hosen über den Rasen rennen. So gab es immer wieder Verbote, das erste Mal 1902. Während des Ersten Weltkriegs durften die Frauen wieder spielen. Sie hatten damit wohl zu viel Erfolg – 1920 spielte das bekannteste Team, die „Kerr's Ladies", vor 53.000 Zuschauern. Ein Jahr später erklärte der englische Fußballverband, der Sport sei für Frauen ungeeignet.

Und seit wann wird in Deutschland Fußball von Frauen gespielt?

1930 wurde der erste Verein in Frankfurt a. M. gegründet, wo heute das erfolgreichste Team, der 1. FFC, spielt. Ein Jahr später gaben die Frauen wieder auf, und auch nach dem Zweiten Weltkrieg wollten die deutschen Fußballherren unter sich bleiben. Begründet wurde das 1955 mit „unweiblicher Rohheit".

1974 gab es dann erstmals eine Meisterschaft im „Damenfußball", und nach den vielen internationalen Erfolgen überträgt das Fernsehen manchmal Ausschnitte oder ein ganzes Spiel. Seit 1990 gibt es eine zweigeteilte Bundesliga.

In den USA existierte für einige Jahre sogar eine Profiliga, die WUSA (Women's United Soccer Association), aber auch dort spielen die Damen seit 2003 wieder als Amateure.

Warum die Frauen in *Mann*-schaften spielen, hat mir bisher noch niemand richtig erklären können.

Um die Ecke gedacht

Teamspirit

Kennt ihr das – um die Ecke denken?

Das gibt's manchmal bei Kreuzworträtseln oder beim Teekesselspiel.

Also, probieren wir es mal so:

Teamspirit – das ist englisch.

Man könnte auch sagen: Mannschaftsgeist!

Oder: alle für einen – einer für alle!

Das stammt von den drei Musketieren, die zusammengehalten haben.

Und wenn ein Team gut zusammenhält, dann kann es etwas Gemeinsames erreichen:

ein verloren geglaubtes Spiel noch umdrehen;

gegen eine eigentlich stärkere Mannschaft gewinnen;

Unmögliches erreichen. Das geht mit Teamspirit!

Und jetzt denken wir mal um die Ecke:

So einen Teamspirit kann es auch in der Klasse geben – dann kann man als Klasse etwas erreichen, was ein Einzelner nicht geschafft hätte.

Und so einen Teamspirit kann es auch in der Welt geben – wenn wir zusammenhalten, wenn wir uns gegenseitig helfen, dann können wir viel erreichen – wie zum Beispiel bei der Tsunami-Katastrophe, da hat fast die ganze Welt zusammengehalten und geholfen und Geld gespendet.

Und Menschen sind dorthin gefahren und haben geholfen.

Dann kann man ein verloren geglaubtes Spiel noch gewinnen.

Und Unmögliches erreichen – Mit Teamspirit!

Toll!

Anstoß-Gebet: Wir halten zusammen!

von Reinhard Bürger

Wenn Menschen zusammenhalten,
können sie viel erreichen.
Sie werden eine tolle Mannschaft
und verlassen sich aufeinander.
Sie vertrauen sich und schließen Freundschaft.
Gott, du bist auch unser Freund,
du magst uns und bist uns gut.
Gut, wer dich zum Freund hat
und mit dir sprechen kann.
Dir kann ich alles sagen, was geklappt hat.
Und auch wenn mal etwas schief gegangen ist,
kann ich mit dir reden.
Gott, du bist mein Freund.

Vor dem Spiel ist nach dem Spiel:
Fußball-**Oper**

Fußball-Tor-A-Torium

von Dorothe Schröder

Akteure:

- 1 Ball
- 2 Tore
- 3 Schiedsrichter, 1 Trillerpfeife
- 4 Eckfahnen,
- 2 Mannschaften mit je 11 Spielern
- 2 Trainer
- 1 „Nummerngirl“ oder „Nummernboy“
- Jede Menge Fans (= gesamtes Publikum in 2 Blöcke geteilt)

Material:

- rot-gelbe Fähnchen/Bänder für die Heimmannschaft Borussia Dribbeldusel (Bänder als Kennzeichnung der „Spieler“, Bänder/Fähnchen als Fan-Abzeichen)
- blau-grüne Fähnchen/Bänder für die Gastmannschaft Kickers Doppelspaß (Bänder als Kennzeichnung der „Spieler“, Bänder/Fähnchen als Fan-Abzeichen)

Texte für die Akteure:

- Umhängekarten für die Darsteller („Eckfahnen“, „Tore“ „Ball“)
- Blatt mit allen Fan-Texten, für jeden Fan kopiert und nummeriert; die Fans sprechen den Text jeweils nach Aufforderung durch das „Nummern-Kind“.
- Für „Nummern-Kind“: gut lesbare Texttafeln mit den Aufschriften „Applaus!“, „Tooor!“, „Pfiffe!“ , „Halbzeitpause!“ und je einer Tafel mit den Zahlen von 1 bis 6

Alle Beteiligten außer dem Sprecher haben Rollentexte in Reimform. Diese können entweder rhythmisch und gut betont gesprochen oder – je nach Fähigkeiten und Mut der Darsteller gesungen werden.
(Das Fußball-Tor-A-Torium gibt es auch mit Melodievorschlägen als Download unter www.hier-gibt-es-noten.de)

Eckfahnen und Tore nehmen – entsprechend der Anordnung auf einem Fußballfeld – schon vor Beginn des Stückes ihren Platz ein. Alle anderen Akteure kommen dem Text entsprechend dazu. Sie stellen sich, je nach Beschaffenheit der Bühne, in einem großen Halbkreis auf oder auf der rechten/linken „Spielfeldhälfte“. Der Sprecher steht zwischen den Teams und tritt beim Lesen ein paar Schritte vor. „Nummerngirl“ bzw. „-boy“ treten von der Seite her auf oder ab. Diese Rolle kann auch auf 2 Personen verteilt werden.

Sprecher: Meine sehr verehrten Damen und Herren, liebe Fußballfans! Herzlich willkommen aus dem ausverkauften NocheinTor-Stadion zur Liveübertragung des Spitzenspiels zwischen Borussia Dribbelduseln und Kickers Doppelspaß!
(Nummernboy/-girl zu allen Fans: Text „Applaus")

Sprecher Wie Sie hören, herrscht im Stadion bereits Partystimmung. Nahezu alle Fans haben ihre Plätze eingenommen – eine grandiose Kulisse von blau-grünen und rot-gelben Fahnen! Wir schalten für einen Moment zum Fanblock der Gastmannschaft Kickers Doppelspaß!
(Nummernboy/-girl zu Fans Grün-Blau: Text „1")

Gast-Fans (Text 1) Doppelspaß bei jedem Doppelpass,
ja, wir machen unsern Gegner nass!
Grün die Hoffnung, blau der Himmelsblick.
Grün und blau, nur ihr verdient den Sieg!

Sprecher Ja, das ist ein eindrucksvolles Spektakel, das die Kicker-Fans hier bieten. Aber die Antwort der heimischen Fans bleibt nicht aus. Ich gebe runter in die Südkurve zu den Fans von Borussia Dribbeldusel!
(Nummernboy/-girl zu Fans Gelb-Rot: Text „2")

Heim-Fans (Text 2) Gelb und rot , ja, das sind unsre Farben,
gelb sind die Löwen, rot ist unser Herz.
Gelb und rot wird heute wieder siegen –
rote Löwen kennen keinen Schmerz.

Sprecher Sie hören und sehen, das Spiel kann bald beginnen. Aber noch sind die Schiedsrichter und die beiden Mannschaften in ihren Kabinen, und wir können die Gelegenheit nutzen, den wunderschönen Rasenplatz zu genießen, auf dem wir gleich ein hoffentlich eindrucksvolles Spiel sehen werden!

Eckfahnen *(zusammen oder auf alle 4 verteilt)*
Eins und zwei und drei und vier –
in den Ecken stehen wir.
Stehen, warten, warten, stehn –
kaum beachtet, kaum gesehn.

(Alle vier) Aber bald ist es so weit,
ja, dann kommt auch unsre Zeit!

Tor 1 Wir stehen rechts und links vom Feld,

Tor 2 und drin ist einer, der viel hält.

Tor 1 Unser Hunger ist groß!

Tor 2 Wann geht es los?

Tor 1 Wir wollen Bälle!

Tor 2 Und zwar auf der Stelle!

Sprecher Ja, nun ist es so weit:
Das Schiedsrichtergespann betritt das Stadion!
(Nummernboy/-girl zu allen Fans: Text „Applaus“)

Schiri-Team Wir sind das Schiedsrichter-Gespann,
das sieht man uns von Weitem an.

Schiri Ich hab die Pfeife, die Uhr und die Karten.
Und wenn sich zwei in die Haare geraten,
muss ich blitzschnell nach den Regeln entscheiden:
Wer liegt hier schief? Wer hat Recht von den beiden?

Schiri-Team Wir sind ... (s.o.)

Assistenten Außen am Rand laufen wir Assistenten,
dürfen nicht pfeifen, selbst wenn wir es könnten.
Schwenken die Fahne, dass alle es sehen,
zeigen auch Abseits und Foul-Vergehen.

Schiri-Team Wir sind ... (s.o.)

Sprecher Und da kommen auch die beiden Mannschaften aus ihren Kabinen! Natürlich zuerst die Gäste, die von ihren Fans frenetisch begrüßt werden.

Gast-Mannschaft
Wir sind ein Team – wir geben unser Bestes!
Wir sind ein Team – wir spielen mit Gefühl!
Wir sind ein Team – wir zaubern auf dem Rasen!
Wir sind ein Team – der Sieg ist unser Ziel!
(im Kreis aufgestellt: Schlachtruf)
Hey ho – let´s go!

Sprecher Meine Damen und Herren, die Stimmung im Stadion ist nicht zu beschreiben, denn jetzt feiern die Fans ihre Borussia! Tosender Applaus auf den Rängen! Ich kann kaum mein eigenes Wort verstehen!

Heim-Mannschaft
Elf wie wir – die halten fest zusammen!
Elf wie wir – die haben Spaß am Spiel.
Elf wie wir – die kämpfen wie die Löwen.
Elf wie wir – der Sieg ist unser Ziel!
(im Kreis aufgestellt: Schlachtruf)
Nix wie ran – packen wir´s an!

Sprecher Auch die Ersatzspieler, das Betreuerteam und die Trainer haben inzwischen auf der Bank Platz genommen.

Trainer 1 Trainer sollen motivieren,
trösten, schimpfen, kritisieren.

Trainer 2 Taktik, Tricks und Technik lehren
und den Kampfgeist noch vermehren.

Beide Doch wirkt unsre Arbeit auch auf Dauer?
In 90 Minuten sind wir schlauer!

Sprecher Liebe Fußballfreunde, alle warten auf den Anpfiff, alle wollen, dass es losgeht. Der Schiedsrichter hat bereits ausgelost, welche Mannschaft beginnt. Der Ball liegt auf dem Anstoßpunkt.

Der Ball Ich bin der Ball! Auf jeden Fall
geht gar nichts ohne mich!
Kann rollen und fliegen
und bleib nicht lang liegen.
Die Hauptfigur bin ich!

Tore Na, nun bild dir mal nichts ein!
Du gehörst ins Tor hinein.
Dadurch kriegt das Spiel den Sinn.
Und dann brüllt man unsren Namen.
Also reiß dich mal zusammen!
Wir bestimmen den Gewinn!

Sprecher So, nun wird es nicht mehr lange dauern. Ah, wie ich sehe, spricht der Schiedsrichter noch mit den Kapitänen der beiden Mannschaften.

Schiri Sagen möchte ich nicht viel.
Ich wünsch mir ein faires Spiel,
Kampfgeist: ja, doch Bosheit: nein!
Der Bessere soll der Sieger sein.
Schüttelt euch die Hand geschwind –
nun geht´s los, das Spiel beginnt! *(pfeift)*

Sprecher Anpfiff!
(Nummernboy/-girl zu allen Fans: Text „Applaus")

Sprecher Die Fans sind aus dem Häuschen! Borussias Stürmer starten mit einem grandiosen Sprint in Richtung gegnerisches Tor – oooohh, der Pass ist beim Gegenspieler mit der Nummer 3 gelandet!
Nun müssen die Borussen aufpassen, denn die 3 hat abgegeben zur 5, und der spielt den Ball über Außen zum Spieler mit der 7.
Nein, das war wohl nichts!
Ja, meine lieben Fußballfreunde, während beide Mannschaften sich so langsam warm spielen, gebe ich zurück in die Sendezentrale. Wir melden uns wieder, sobald etwas Spannendes passiert.
(Hintergrundmusik, dann Nummernboy/-girl: Text „24. Minute")

Sprecher Ich melde mich wieder aus dem NocheinTor-Stadion vom Spiel der Borussia Dribbeldusel gegen Kickers Doppelspaß. In den vergangenen Minuten haben wir hier ein Spiel gesehen, dem es ein bisschen an Ideen und Spielwitz mangelt. Auch das Publikum ist wenig begeistert, wie Sie sicher hören können.
(Nummernboy/-girl zu allen Fans: Text „Pfiffe!")

Sprecher Bisher gab es keine zwingenden Chancen für eine der beiden Mannschaften. Den Trainer der Borussia hält es schon seit Minuten nicht mehr auf der Bank: Er ist mit der Leistung seiner Elf überhaupt nicht zufrieden, was man ihm nicht verdenken kann.

Trainer 1 Weiter, Leute, schlaft nicht ein!
Das soll gute Leistung sein?
Warum hab ich euch trainiert?
Ich geb´s auf – ich bin blamiert!

Sprecher Nun läuft wieder eine Angriffswelle der Kickers – der Spieler mit der 6 hat den Ball, flankt ihn weit hinüber zur 7, der ist allein im Strafraum – ein gewaltiger Schuss Richtung Tor, doch dann kommt der Spieler mit der Nummer 4 von der Borussia dazwischen, aber was macht der da? Er versucht, den Ball zum Torwart zurückzugeben und –
(Nummernboy/-girl zu Fans Grün-Blau: „TOOOR!“)

Sprecher Eigentor, meine Damen und Herren, ich kann es kaum glauben!! Wie ein begossener Pudel geht der Spieler mit der 4 da zur Mittellinie und kann es nicht fassen, was geschehen ist! 0:1 für die Gäste durch ein Eigentor der Borussia!

Tor Heim Das leichteste Tor ist ein Eigentor,
nur: Für dein Team ist das nichts wert.
Drum schieße den Ball im günstigsten Fall
in das Tor, das dem Gegner gehört!

Sprecher Und hören Sie nur den Gesang der Kickers-Fans, die ganz aus dem Häuschen sind! Ihre Mannschaft liegt in Führung!
(Nummernboy/-girl zu Fans Grün-Blau: Text „3“)

Gast-Fans (Text 3) Klasse, dass ihr für uns die Tore schießt!
Klasse, dass heut bei uns der Schampus fließt!
Bitte, noch einmal so mit voller Kraft,
und dann holen wir die Meisterschaft!

Sprecher Ja, wer den Schaden hat, braucht für den Spott nicht zu sorgen! Der Ball rollt wieder, aber die Spieler der Borussia sind geschockt durch dieses unglückliche Tor in der 32. Minute. Wieder eine Angriffswelle der Kickers – der Spieler mit der 5 gibt weiter zur 6, der Ball läuft weiter auf die Linksaußenposition, da lauert der Spieler mit der 5, ist schon fast am Strafraum und –
(Nummernboy/-girl zu Fans Grün-Blau: Text „Tooor!“)

Sprecher Nein, kein Tor, die Fahne des Linienrichters ist oben.

Assistent 1 Abseits – die Fahne geht hoch!
Denn das weiß ein jeder doch:
Wenn beim Abspiel zwischen dir und dem gegnerischen Tor
von den anderen kein Spieler ist, dann kommt so was vor!
Abseits – die Fahne geht hoch!
(Nummernboy/-girl zu Fans Grün-Blau: Text „Pfiffe!“)

Sprecher Aus meiner Sicht eine absolut richtige Entscheidung, auch wenn es den Spielern und den Fans der Kickers nicht gefällt. Es bleibt also beim 0:1, und wir geben zurück ins Funkhaus.
(Hintergrundmusik, dann Nummernboy/-girl: Text „43. Minute“)

Sprecher Meine Damen und Herren, wir melden uns zu den letzten Minuten der 1. Halbzeit im Spiel der Borussia Dribbeldusel gegen Kickers Doppelspaß. Eben gab es große Aufregung an der Außenlinie, als der Borussia-Spieler mit der 8 und die Nummer 10 der Kickers zusammengestoßen sind. Der Schiedsrichter hat das Spiel unterbrochen, die 8 liegt am Boden, ganz in der Nähe der Eckfahne – aber da sehe ich, dass die 10 sich zu ihm hinunterbeugt und seinem Rivalen aufhilft – eine faire Geste; ja, da war keine Absicht im Spiel! Der Mannschaftsarzt der Borussia kann sich wieder hinsetzen. Aber nun wird es kurz vor der Halbzeitpause brenzlig für die Kickers: Eckstoß für die Borussia, ausgeführt durch die Nr. 9.

Eckfahnen Eins und zwei und drei und vier –
in den Ecken stehen wir.
Stehen, warten, warten, stehn –
kaum beachtet, kaum gesehn.

Eckfahne 3 Da – er zeigt zu Fahne drei!
Hallo, Freundchen, komm herbei!
Alle Blicke sehn auf mich!
Lasst euch Zeit – denn hier bin ich!

Sprecher Die 8 gibt den Ball herein – aber gleich fünf Kickers-Spieler stehen vorm Tor, da hat selbst der lange Borusse mit der 7 keine Chance dranzukommen. Sicher hält der Torwart der Grün-Blauen den Ball –, und in diesem Moment pfeift der Schiedsrichter zur Halbzeitpause beim Stand von 0:1 für die Gäste durch ein Eigentor des Spielers mit der Nummer 4 in der 32. Minute.
(Schiri pfeift, Nummernboy/-girl: Texte „Applaus!"/ „Pfiffe!")

Beide Teams Halbzeit, endlich eine Pause!
Nun gibt´s Wasser oder Brause.
Ob der Trainer wohl gequält
die Kabinenpredigt hält?
Na, wir werden´s überleben,
weiter unser Bestes geben.
Erstmal setzen wir uns nieder.
Tschüss, bis gleich! Wir kommen wieder!
(Nummernboy/-girl: Text „Halbzeitpause!")
(Kleine Aktionen mit den Fans, z. B. „Hier kommt die Welle" – Seite 101)

Sprecher Liebe Fußballfreunde, wir melden uns zur 2. Halbzeit des Spiels Borussia Dribbeldusel gegen Kickers Doppelspaß. Es steht 0:1 für die Gäste – unglücklicher Torschütze war der Borussenspieler mit der 4 in der 32. Minute; sein Eigentor war für den Torwart unhaltbar. Und während die Spieler sich in den Kabinen erholt haben, sind die Fans heiß auf eine ereignisreichere 2. Halbzeit, und „die Welle" rollt durchs Stadion.

Fans (alle) (Text 4) 4 – 3 – 2 – 1 – oooooooh .... *(„La Ola"!)*

Sprecher Und nun sind auch die Spieler wieder auf dem Feld – Anstoß zur 2. Halbzeit! *(Schiri pfeift)* Die Kickers setzen alles daran, ihren Vorsprung zu halten – die 10 spielt zur 5, der gibt zurück an die 3, der sucht nach einer Anspielstation – meine Güte, mit solchem Zeitspiel gehen die Kickers aber ein hohes Risiko ein! Wir haben noch fast 45 Minuten vor uns! Oh, jetzt ist der Trainer der Kickers aufgesprungen und schimpft – ja, hat denn die Ansprache in der Halbzeitpause nicht gewirkt?

Trainer 2 Mann, o Mann, schießt doch den Ball!
Liebe Leute, rennt doch mal!
Wo ist eure Kondition?
Aufgepasst – sie kommen schon!

Sprecher Ja, das schauen sich die Borussen nicht länger an – der Pechvogel mit der 4 geht dazwischen, trennt seinen Gegner gekonnt vom Ball und flankt zur 8. Der geht nach vorn, Doppelpass mit der 10, der hat außen die 5 gesehen und gibt ab – inzwischen sind die Borussen gefährlich nah an den Strafraum herangekommen, der Stürmer mit der 7 geht nach vorn, nur zwei Abwehrspieler der Kickers sind noch vor ihm und –
(Nummernboy/-girl zu Fans Gelb-Rot: Text „Pfiffe!")

Sprecher ... da hat der gegnerische Spieler mit der 5 den Borussenspieler böse zu Fall gebracht – ja, ich denke, da kann es nur eine Entscheidung geben!

Heim-Mannschaft
Böses Foul! Das ist die Höhe!
Böses Foul! Der ist doch krank!
Schiri, los, das gibt Elfmeter!
So ein Kerl muss auf die Bank!

Gast-Mannschaft
Das ist doch wohl nicht wahr!
Ne Schwalbe war´s, na klar!
Der hat doch nur den Ball gespielt
und gar nicht auf den Mann gezielt!
Das ist doch wohl nicht wahr!

Sprecher Der Schiedsrichter geht zum Punkt – ja, eine eindeutige Entscheidung!

Schiri Foulelfmeter! Klarer Fall!
Bei diesem Zusammenprall
hatten Sie sich nicht im Griff!
Selber Schuld! Elfmeterpfiff!
(Schiri pfeift, Nummernboy/-girl zu Fans Blau-Grün: Text „Pfiffe!", zu Rot-Gelb: Text „Applaus!")

Sprecher Und wer wird die Verantwortung übernehmen? Ich sehe den Spieler mit der 7, der ja eben gefoult worden ist – wird er den Strafstoß selber ausführen? Nein, da sehe ich doch tatsächlich die 4 zum Ball gehen, den Unglücksraben, der durch sein Eigentor in der 1. Halbzeit die gegnerische Mannschaft in Führung gebracht hat. Hoffentlich ist das kein Fehler! Ob er die Nerven behält? Im Stadion ist es mucksmäuschenstill geworden – die Fans sehen gebannt auf den Elfmeterpunkt – 61. Minute: Elfmeter für die Borussia nach einem Foul durch die Nummer 5. Der Borussenspieler mit der 4 legt sich den Ball zurecht ...

Ball Immer muss ich rollen, rollen,
grade so, wie die es wollen!
Werd mit Füßen nur getreten,
keiner hört von meinen Nöten!
Nur ganz selten küsst man mich –
ich muss ackern – immer ich!

Sprecher ... der Torwart der Kickers wippt auf der Stelle – Nummer 4 nimmt Anlauf, schießt und ...
(Nummernboy/-girl zu Fans Rot-Gelb: „Tooor!“)

Sprecher ... der Ball ist drin! Links oben in den Winkel, keine Chance für den Torhüter. 1:1 steht es nach diesem Treffer in der 62. Minute!
(Nummernboy/-girl zu Fans Rot-Gelb: Text „5“)

Heim-Fans (Text 5) Endlich ein Tor! Endlich ein Tor!
Diesmal landet das Ding in dem richtigen Eck,
und ihr blau-grünen Kickers müsst weinen vor Schreck!
Zieht euch warm an, nun gehn wir ran!

Sprecher Das Stadion ist ein rot-gelbes Fahnenmeer, der Pechvogel der Borussia hat mit dem Elfmetertor seinen Patzer aus der 1. Halbzeit wieder gut gemacht. Was für eine Nervenstärke! Ja, liebe Fußballfreunde, wir geben noch einmal zurück zum Sender und melden uns, wenn nichts Unvorhergesehenes passiert, zur Schlussphase in dieser Begegnung wieder.
(Hintergrundmusik, dann Nummernboy/-girl: Text „85. Minute“)

Sprecher Und hier sind wir zurück im NocheinTor-Stadion, wo es immer noch 1:1 steht in der Begegnung Borussia Dribbeldusel gegen Kickers Doppelspaß durch ein Eigentor des Borussenspielers mit der 4 in der 32. Minute und den Ausgleichstreffer in der 62. Minute, den derselbe Spieler nach Foulelfmeter erzielen konnte. Die Borussia baut einen Angriff aus dem eigenen Strafraum auf, der Spieler mit der 2 umdribbelt seinen Gegner mit der 8, gibt ab zur 4, der flankt weit hinüber über die Mittellinie zur 6, drei Gegenspieler der Kickers versuchen, ihn zu bremsen – oooh ...
(Nummernboy/-girl zu Fans Blau-Grün: Text „Pfiffe“)

Sprecher ... da rempelt er die Nummer 2 der Kickers so an, dass der zu Boden fällt! Ein klares Foul, das auch der Linienrichter gleich richtig signalisiert hat. Der Schiedsrichter greift in seine Tasche – ja, auch wenn die Fans toben: Das gibt GELB!

Schiri Mein lieber Freund, na warte,
das gibt die gelbe Karte!
Und solche Foul-Vergehen,
die will ich nicht mehr sehen!
Ich hoffe sehr, dass du verstehst,
weil du sonst schon mal duschen gehst!

Sprecher Na, das wird keine größeren Konsequenzen für dieses Spiel mehr haben, denn die letzte Minute läuft – Freistoß für die Gäste – der Spieler mit der 3 gibt ab an seinen Kollegen im Mittelfeld mit der 10, aber der Borusse mit der Nummer 11 nimmt ihm den Ball von den Füßen – flankt hinüber zu seinem Mannschaftskapitän mit der Nummer 5 und ...

(Schiri pfeift)

Sprecher ... das war die letzte Aktion dieses Spiels!

(Nummernboy/-girl zu allen Fans: Text „Applaus!")

Sprecher Die Mannschaften gehen zu ihren Fanblocks und bedanken sich für die lautstarke Unterstützung eines am Ende doch noch recht unterhaltsamen Fußballspiels.

Beide Teams

(zu den Fans)

Unentschieden wird zwar meistens gern vermieden,
aber heute sind wir froh – und die Gegner ebenso.
Ihr wart hier die Nummer Zwölfe,
habt gebrüllt so wie die Wölfe.
Also, Leute, Danke schön – und Auf Wiedersehn!

Fans *(Text 6, im Wechsel)*
Auf Wiedersehn!
Auf Wiedersehn!
Auf Wiedersehn!
Auf Wiedersehn!

ENDE

Melodienvorschläge zum Tor-A-Torium gibt es als Download unter www.hier-gibt-es-noten.de

Spieler vor! Noch ein Tor! Fußball-Rhythmus-Kette

von Rita Mölders

Mitwirkende:

- 1 Spielfeld – das Spielfeld sollte nicht zu groß sein.
- 1 Ball – der Ball wird von einem Spieler gehalten.
- 1 Torwart – der Torwart trägt Handschuhe.
- 3 Fußballspieler – Spieler tragen Fußball- oder Turnschuhe.
- 4 Eckfahnen – die vier Eckfahnen (z. B. Besenstiele) werden mit einem Holzstab angeschlagen.
- 1 Schiedsrichter – der Schiedsrichter hat eine Trillerpfeife und eine gelbe Karte.
- Fans

Aufwärmtraining

Die Mitwirkenden kommen nacheinander auf das Spielfeld.
Jede Gruppe setzt ihren eigenen Rhythmus um.

Rhythmen:

① Ball: Ein Spieler wirft den Ball auf den Boden und fängt ihn wieder.

② Torwart: Der Torwart steht im Tor. Er trägt Handschuhe. Bei „2" klatscht der Spieler in die Hände. Anschließend postiert er sich im Tor.

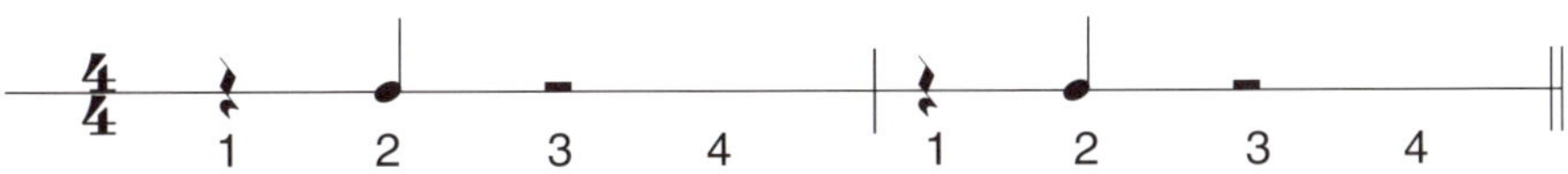

③ Spieler: Die Spieler stampfen mit beiden Füßen abwechselnd dreimal auf den Boden.

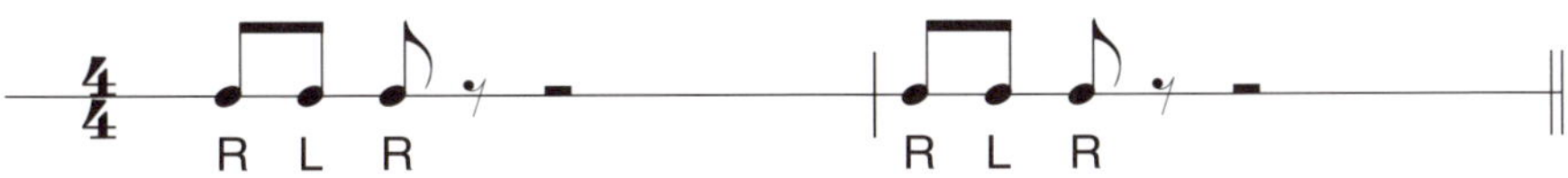

④ Eckfahnen: Vier Kinder stehen mit einem Besenstiel als Eckfahne jeweils in einer Ecke des Spielfeldes. Sie schlagen mit einem Holzstab viermal gegen die Eckfahnen.

⑤ Schiedsrichter: Ein Kind pfeift zweimal mit einer Trillerpfeife.

⑥ Fans: Alle anderen sind die Fans. Sie sprechen folgenden Vers:

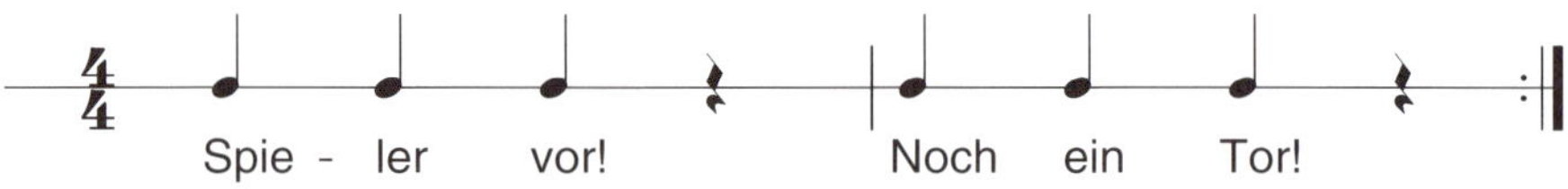

Jetzt geht's los!

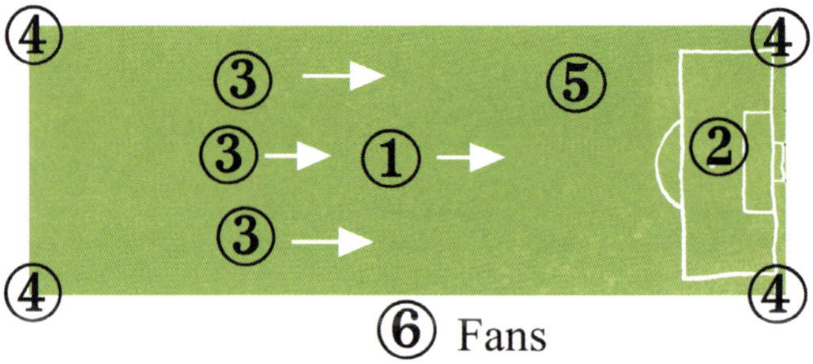

Nach einer kurzen Zeit gibt der Schiedsrichter mit einem langen Pfiff das Signal zur Aufstellung (siehe Abbildung links).

Dann beginnen die Fans mit ihrem Anfeuerungsruf (langsam sprechen!):

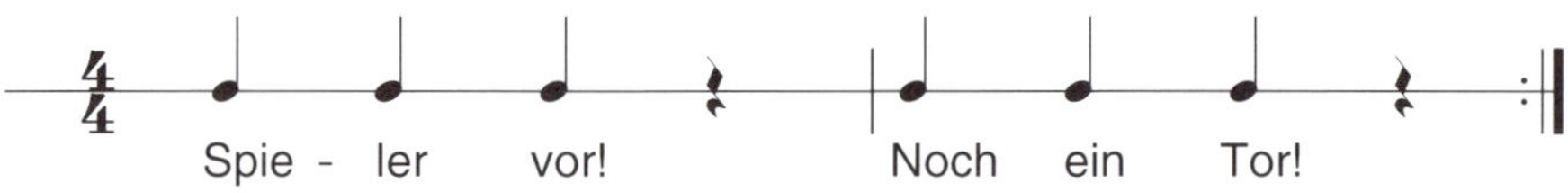

Dazu werden die einzelnen Rhythmen zu einem Gesamtrhythmus zusammen gespielt.

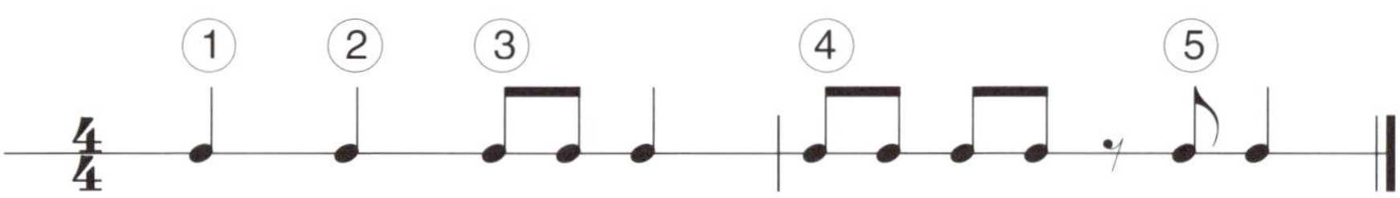

Nach jedem Durchgang gehen der Ball (1) und die Spieler (3) einen Schritt vorwärts auf das Tor zu.

Die letzten beiden Takte:

Unmittelbar vor dem Tor wirft der Spieler den Ball nicht auf den Boden, sondern legt ihn sich zurecht und schießt gleichzeitig mit dem letzten Pfiff des Schiedsrichters aufs Tor.

Fußballgottesdienst – Die Welt zu Gast bei Freunden

von Eckart Bücken

Musik

Potpourri aus verschiedenen Nationalhymnen

Begrüßung

Herzlich willkommen zu unserem Fußballgottesdienst in der ...kirche.

Wir wollen bei diesem Gottesdienst miteinander nachdenken über das Thema Fußball und Gott, dazu Anstöße aus einem Fußballer-Interview bekommen, miteinander singen und beten.

Manche meinen, es gäbe einen Fußballgott, oder der Fußball sei selbst ein Gott. Wir sind nicht dieser Meinung, deswegen feiern wir diesen Gottesdienst nicht im Namen des Fußballs, auch nicht in unserem Namen, sondern im Namen des dreieinigen Gottes, des Vaters, des Sohnes und des Heiligen Geistes.

Gebet

Die Erde ist fast so rund wie der Ball. Sie ist wunderbar.
Ich lebe auf dieser Erde – und noch viele andere Menschen.
Allein spielen ist langweilig.
Gott, du hast alle Menschen gemacht.
Deshalb können wir vieles gemeinsam tun und miteinander spielen.
Danke, mein Freund!
(Reinhard Bürger)

Lied

Fans, Fairplay und Fußballfieber (Seite 6, Track 2 auf der CD)

Der Pfiff

Kein Fußballspiel ist ohne ihn zu denken. Ohne ihn würde es gar nicht erst beginnen. Am Anfang wird er sehnsüchtig oder besorgt erwartet, wird Spannung aufgebaut, nochmals alle Konzentration auf das Kommende gerichtet. Während des Spiels bleibt er ab und zu aus, erregt Missmut oder Erleichterung, schlechtes Gewissen oder Schadenfreude. Am Ende des Spiels wird er wieder, wie zu Beginn, sehnsüchtig oder besorgt erwartet.

Vielleicht hören wir in diesem Gottesdienst auch hin und wieder den Pfiff unseres Gottes, der uns aufschrecken und aufrütteln, trösten oder erfreuen will. Unser Spiel mit ihm *(hier pfeifen)* hat da auf alle Fälle schon längst begonnen.

(Material: Trillerpfeife, auf der auch mal gepfiffen werden darf)

Aktion

Karten (gelbe, rote, grüne) und Stifte verteilen;
aufschreiben, für was eine gelbe oder rote Karte gezeigt werden soll und für was eine grüne Karte. (Leise Musik dazu)

Kollekte

Lied

Wir sind ein Team (Seite 108, Track 17 auf der CD)

Psalm 103

Gott, unser Vater, wie groß ist dein Name in allen Ländern,
am Himmel zeigt sich deine unermessliche Macht.
Sie ist wie eine Mauer, die alle Widersacher abwehrt.
Wunderbar hast du den Himmel gemacht,
an dem Mond und Sterne kreisen.
Wie winzig ist da der Mensch;
Und doch nimmst du dich seiner an:
Ihn selbst hast du mit Größe ausgerüstet
und ihn fast mit dir gleichgesetzt.
Er darf über alle deine Geschöpfe herrschen,
über die Haustiere ebenso wie über das Wild und die Vögel,
über die kleinen und großen Fische im Meer.
Gott, unser Vater, wie groß ist dein Name in allen Ländern,
am Himmel zeigt sich deine unermessliche Macht.
(Eckart Bücken nach Psalm 8)

Lied

Der Ball ist rund (Seite 26, Track 6 auf der CD)

Text 1

Interview mit Wynton Rufer

Was kann ein junger Mensch beim Fußball für das Leben lernen?

Das ist eigentlich ganz einfach. Mit der Begeisterung, die man auch dem Sport entgegenbringt, soll man sich dem Glauben und Jesus widmen. Nehmen wir zum Beispiel die Stelle Galater 5,22. Einige der hier erwähnten Tugenden wie Geduld, Freude und Selbstbeherrschung benötigt man auch im Fußball. Dies wollen wir neben Techniken und Tricks an unsere Kids weitergeben.

Sie haben in Ihrer Bundesligakarriere in 174 Spielen nur zwei gelbe Karten kassiert. Was bedeutet für Sie Fairplay? Haben Sie auch eine ganz persönlich beeindruckende Geschichte erlebt?

Naja, ich bin nun mal Stürmer. Das heißt, dass ich ja im Spiel nichts zerstören muss, sondern ich habe die Aufgabe, gefährliche Situationen vor dem gegnerischen Tor zu schaffen. Da konnte ich von Anfang an etwas weniger aggressiv spielen. Allerdings habe ich schon einmal im Europapokal einen Platzverweis bekommen. Ich wollte damals meinen Mitspieler nach einem brutalen Foul schützen und habe Gelb gesehen. Kurze Zeit später habe ich dann den Übeltäter wegrasiert. Das passiert schon mal. Aber unsportlich war ich nie, das hatte ich nicht nötig. Eine richtige Fairplay-Geschichte habe ich aber nicht parat.

Lied

Auf dem bunten Erdenball (Seite 30, Track 7 auf der CD)

(Dabei Karten einsammeln und auswählen für die Fürbitten)

Text 2

Interview mit Wynton Rufer vorlesen

Wie sind Sie zum Fußball gekommen und wie verlief Ihre Ausbildung in den Anfangsjahren?

Ich stamme aus einer sehr fußballbegeisterten Familie. Mein Vater kam ja aus der Schweiz nach Neuseeland. Er war eigentlich Eishockey-Fan. Aber in Neuseeland ist das etwas schwierig, wie man sich vorstellen kann. Fußball war dann der Sport, der einem Europäer noch am nächsten lag. Mein älterer Bruder hat deshalb eben gekickt. Ich bin damit aufgewachsen. Als Sechsjähriger habe ich dann selber begonnen, Fußball zu spielen. Mit der Zeit wurde ich ein großer Fan von Pele. Ihm habe ich alles abgeschaut und mich daran orientiert. Mit 14 Jahren traf ich auf einen irischen Trainer. Das war ein enorm wichtiger Schritt in meiner fußballerischen Entwicklung. Dieser Coach war wie ein Mentor für mich. Er hat mich mit ständigem Einzeltraining weitergebracht, dafür bin ich ihm sehr dankbar.

Sie sind 1986 zu einem sehr gläubigen Christen geworden. Was ist damals geschehen?

Ich habe 1986 bei der Schweizer Armee einen Mann von der Heilsarmee kennen gelernt: Bert. Bert erzählte mir von Jesus. Es war wie bei der Bekehrung von Saulus zu Paulus. Ich habe da Jesus getroffen – ein absolutes Wunder. Wir waren damals in den Bergen. Ich bin zu einer Telefonzelle gerannt und habe meine Frau angerufen. Wir haben lange telefoniert und darüber gesprochen. In dieser Telefonzelle bin ich neu geboren worden. Mit Jesus wird man ein neuer und besserer Mensch.

Bekenntnis

Bernhard Langer, Golf-Profi:

„Erst Gott, dann meine Familie und dann erst meine Karriere. Ich glaube, dass alles besser gelingt, wenn die Prioritäten richtig gesetzt sind.“

Evelyn Ashford, Sprinterin, USA:

„Ich glaube, dass Gott mir das Talent zum Laufen gegeben hat, und ich möchte ihm das zurückgeben, weil er sich um mich kümmert und mir alles gibt, was ich brauche."

Rune Bratseth, norwegischer Ex-Fußballprofi:

„Es ist wichtig, dass man als Fußballer Erfolg hat. Das gilt für Profis genauso wie für Amateure und Hobbyfußballer. Aber ich will den Erfolg nicht um jeden Preis! Warum? Weil ich in meinem Leben erfahren habe, dass der Glaube alles Erfolgsdenken und –handeln, auch im Sport, übertrifft und für das Leben wichtiger ist."

Jorginho, Fußballweltmeister mit Brasilien:

„Die Bibel und das Gebet sind für mich Garanten für ein sinnvolles und friedfertiges Leben. Ich fand, was ich mir so sehr ersehnt hatte. ... Ich bete immer. Gott kann nicht spielen, ich muss spielen – aber er kann mir Ruhe geben."

Ottmar Hitzfeld, Ex-Trainer FC Bayem München:

„Er [Jesus Christus] ist den geradlinigen Weg gegangen und hat nie versucht, auf krummen Wegen sein Ziel zu erreichen. Offenheit und Gerechtigkeit zeichneten ihn aus. So möchte ich auch leben."

(aus: Gottesdienstentwürfe zur ökumenischen Dekade zur Überwindung von Gewalt / Haus kirchlicher Dienste, Hannover)

Lied

Fußball-ABC (Seite 16, Track 4 auf der CD)

Fürbitten

Gott, wir bringen unsere Bitten, Wünsche und Fragen vor dich und vertrauen darauf, dass du sie hören und erhören wirst.

(Hier werden die gelben, roten und grünen Karten vorgelesen; nach je vier Bitten antworten mit: „Wir bitten dich, erhöre uns!")

Vater unser

Lied

Fair bleibt fair (Seite 68, Track 11 auf der CD)

Segen

Geht mit der Kraft, die euch aus der Botschaft unseres Gottes zuteil wurde. Geht mit der Erkenntnis, dass alle auf dem Spielfeld Gottes ihre Rolle spielen. Geht in dem Vertrauen, dass vor Gott jedes Lebensspiel gelingen kann.

(aus: Gottesdienstentwürfe zur ökumenischen Dekade zur Überwindung von Gewalt / Haus kirchlicher Dienste, Hannover)

Schlusslied

Fußball, football, soccer (Seite 52, Track 10 auf der CD)

Ich habe **fertig!**

Anleitung für den Bau eines Gebetswürfels mit sechs kleinen Gebeten

Gebete von Reinhard Bürger

Gebet 1 Die Erde ist fast so rund wie der Ball.
Sie ist wunderbar.
Gott, du hast alle Menschen gemacht.
Deshalb können wir vieles gemeinsam tun.
Danke, mein Freund!

Gebet 2 Gott, du gibst den Menschen Energie, wenn sie schlapp machen.
Ich bin froh, dass du mir Hoffnung gibst, damit ich durchhalte!
Amen!

Gebet 3 Im Spiel ist jeder wichtig – egal, welche Sprache er spricht oder welche Hautfarbe er hat.
Gott, danke, dass du die Menschen mit so verschiedenen Begabungen gemacht hast.

Gebet 4 Manchmal, Gott, finde ich deine Gebote ja lästig.
Aber ich weiß doch, dass sie für uns gut sind!
Okay, Gott!

Gebet 5 Gott, du erinnerst mich daran, dass es besser ist, fair zu bleiben.
Dann macht das Leben auch mit allen Spaß.
Gut, dass du so ein toller Mitspieler bist!

Gebet 6 Gott, du bist unser Freund, du magst uns und bist uns gut.
Dir kann ich alles sagen – auch wenn etwas schief gegangen ist.
Gott, du bist mein Freund!

Und so wird's gemacht:

- Die Würfelvorlage so kopieren, dass die Kantenlänge mindestens 5 cm lang ist.
- Die Texte auf die markierten Stellen schreiben.
- Würfel ausschneiden und an den gestrichelten Linien falten.
- Dann entsprechend zusammenfalten und an den Seiten verkleben.

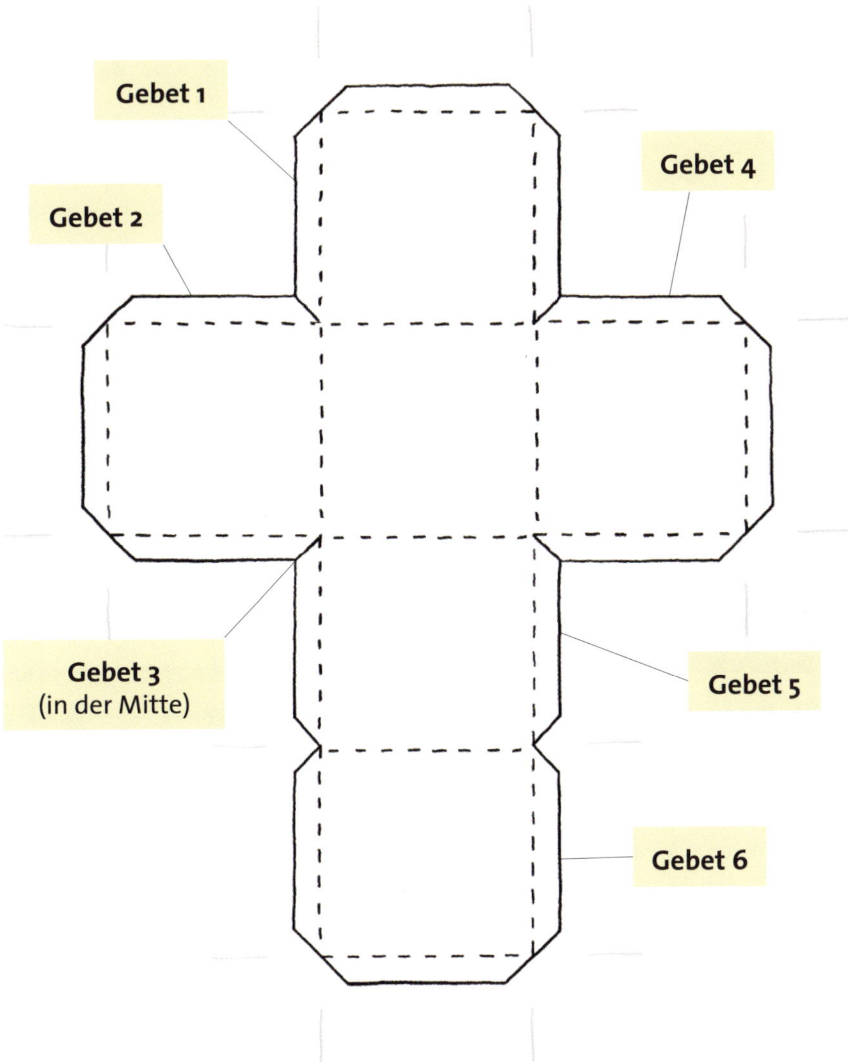
Gebet 1
Gebet 2
Gebet 4
Gebet 3
(in der Mitte)
Gebet 5
Gebet 6

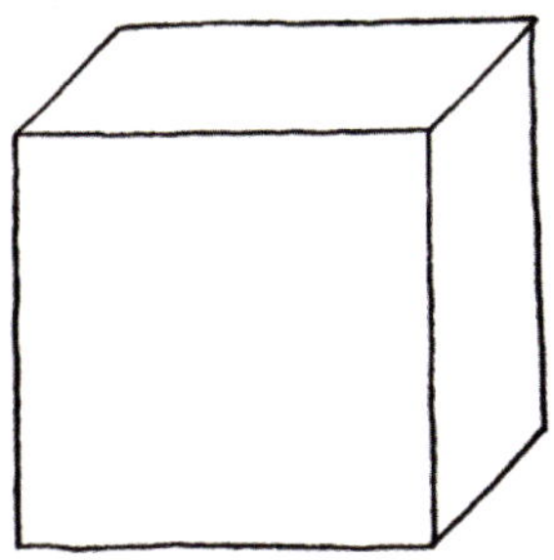

Karl Kardinal Lehmann

Seit 1983 Bischof von Mainz, seit 1987 Vorsitzender der Deutschen Bischofskonferenz.

Liebe Sportler, liebe Kinder und Jugendliche, liebe Fans,

die Fußballweltmeisterschaft in unserem Land ist eine schöne Visitenkarte, die wir jetzt an die Weltgemeinschaft „schreiben". Ich freue mich auf gute Spiele und faire Wettkämpfe. Im Internet habe ich dazu ein Gebet gefunden, das ich hier zitieren möchte:

„Herr, lass uns fair spielen. Lass unser Spiel in deinen Augen gut sein. Lass unser ganzes Leben ein faires Spiel sein, eine Augenweide für dich und die Mitmenschen. Wenn du gnädig bist, dann lass uns gewinnen, hier im Spiel und später, wenn das Leben und das Spiel zu Ende sind."

(Gebet der Fußball-Nationalmannschaft aus Ghana)

In diesem Sinn wünsche ich uns allen eine schöne WM 2006 und Gottes Segen für ein sportliches Miteinander, nicht nur im Stadion und auf dem grünen Rasen.

Ihr

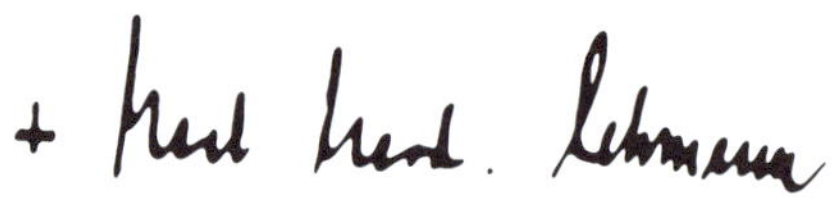

Bischof von Mainz
Vorsitzender der Deutschen Bischofskonferenz

Bischof Wolfgang Huber

Liebe Fußballspieler und vor allem liebe Fans des Fußballsports, Fußball ist – wie jeder Sport – ein starkes Stück Leben. Auf dem Fußballplatz verdichtet sich für Fußballspieler und Fans alles, was sie an Hoffnung und Enttäuschung, an Freude und Trauer in dieses eine Spiel legen. Sozusagen spielerisch wird der Fußballplatz für 90 Minuten zum Ort eines Lebensdramas, in dem alles passieren kann, was im wirklichen Leben auch geschehen mag. Die Evangelische Kirche in Deutschland wünscht allen Fußballspielern, Funktionären und Fans spannende Spiele während der Weltmeisterschaft. Sie wünscht allen die Erfahrung, dass Fairplay auf dem Platz, auf den Rängen und im Leben weiter führt als jedes Foul. Mit friedlichen, fairen und fröhlichen Spielen können wir zeigen, dass die „schönste Nebensache der Welt“ vielen Menschen eine unbändige Freude machen kann.

Ich bitte Gott um seinen Segen für ein faires Miteinander während der Fußballweltmeisterschaft – nicht nur unter den Spielern, die um jedes Tor kämpfen werden, sondern auch unter den Fans, die in Deutschland zu Gast sein und die Spiele miterleben werden.

Ihr

Bischof Wolfgang Huber
Vorsitzender des Rates der
Evangelischen Kirche in Deutschland

Bischof der Ev. Landeskirche Berlin, seit 2003 Ratsvorsitzender der Evangelischen Kirche in Deutschland

Anhang

Anpfiff: Jetzt geht's los!

1.–15. Minute:
Der Ball **ist rund**

16. – 30. Minute:
Das Spiel dauert **90 Minuten**

31. – 45. Minute:
Mailand oder Madrid – **Hauptsache Italien!**

Halb**zeit**

46. – 60. Minute:
Ich verwarne Ihnen! – **Ich danke Sie!**

61. – 75. Minute:
Ihr fünf spielt **vier gegen drei**

76. – 90. Minute:
Der 12. Mann **im Stadion**

Vor dem Spiel ist nach dem Spiel:
Fußball-**Oper**

Ich habe **fertig!**

Die CD „Fans, Fairplay & Fußballfieber“

Titel auf der CD Seite im Buch

Die Noten zu den sieben Natonalhymnen der bisherigen Weltmeister stehen unter www.hier-gibt-es-noten.de zum Download zur Verfügung.

Das **Team**

Christian Severin
Recherchen
Eckart Bücken
Liedtexte, Gottesdienst
Dorothe Schröder
Liedtexte, Tor-A-Torium, Geschichten
Rita Mölders
Liedtexte, Geschichten
Reinhard Bürger
Anstoßgebete
Reinhard Horn
Musik, Um die Ecke gedacht

Bernhard Schön
Ahnungslos & Weiß Bescheid
Margret Bernard
Gestaltung, Illustration
Daniela Dicker
Liedtext
Kathrin Bischoff
Warm-up
Wolfgang Köster
Musik
Ute Horn
Produzentin

Quellen

Zahlen und Informationen zu den Tabellen und Länderinfos (Seiten 12, 13, 14, 50, 51, 54, 55, 58, 59, 60, 61, 66, 67) sind u.a. folgenden Quellen entnommen:

- de.wikipedia.org – die freie Enzyklopädie
- www.fifa.com – „Big Count“ im Jahr 2000

Abbildungsnachweise

Seite 48	picture-alliance/dpa/dpaweb, Fotograf: Kay Nietfeld
Seite 49	picture-alliance/ASA, Fotograf: D.P.P.I.
Seite 62	lorenzspringer.biz, Fotograf: Marcus Lechner
Seite 78	picture-alliance/dpa/dpaweb, Fotograf: Horst Ossinger
Seite 85	picture-alliance/dpa, Fotograf: Carmen Jaspersen
Seite 137	epd-bild, Fotograf: Andreas Schoelzel

Alle anderen Fotos wurden uns freundlicherweise von den abgebildeten Personen oder deren Vertretern zur Verfügung gestellt.

Legende/Register

Symbol	Erklärung	auf den Seiten
	Aktionen	28, 76, 93, 98, 102, 107, 127, 134
	Auf zum Training	32, 44, 94, 106
	Gebete	36, 46, 69, 76, 90, 96, 116
	Geschichten	8, 20, 24, 40, 64, 72, 78, 84, 88, 110
	Gottesdienst	129
	Lieder	6, 7, 16, 18, 26, 30, 41, 42, 52, 68, 80, 86, 88, 101, 108, 112
	Fußball-Tor-A-Torium	118
 	Sach-informationen	10, 12, 13, 14, 22, 38, 50, 54, 58, 60, 66, 74, 83, 92, 100, 114
	Promi-Töne	15, 33, 43, 48, 49, 56, 57, 62, 73, 85, 111, 136, 137
	Um die Ecke gedacht	34, 45, 63, 89, 95, 104, 115